# Vorwort

Liebe Leser,

Als ich Heidelberg zum ersten Mal besucht habe, war es wohl kurz nach dem Abitur. Die Stadt fühlte sich recht altertümlich an: Sandstein-Gebäude, ältere Cafés, Romantik. Ich war jung und oberflächlich und Touristin. Fast 20 Jahre später hat mich der Beruf in die Rhein-Neckar-Region geführt – eine Glücksregion, wie ich jetzt weiß.

Die Buch-Recherche hat mich tiefer zu Berg, zu Tal, an und sogar in den Fluss geführt. Überall habe ich gespürt: Die Stadt fühlt sich dynamisch an. Ob es an der jungen Stadtbevölkerung liegt? Sie ist mit durchschnittlich 40 Jahren eine der jüngsten in Deutschland. Ob es an den Studenten und internationalen Wissenschaftlern liegt? 40.000 Lernende und Forschende bringen neue Themen und Trends aus aller Welt mit. Oder ob es an der Zukunftsorientierung der Stadt liegt? Kreativ und gründerfreundlich, fahrrad- und umweltfreundlich, digital und intellektuell – das zieht die junge Generation an und hält die ältere jung. Oder ob es letztlich am menschenfreundlichen Klima liegt? Die Sommer sind heiß und lang, dauern von März bis Oktober. Die Menschen sitzen draußen auf den Straßen und Wiesen, oben am Heiligenberg oder Königstuhl, unten am Neckar. Sie sehen und werden gesehen, gönnen sich etwas unter Palmen und Zypressen – wie am Mittelmeer, wie in Frankreich, wie in der Kurpfalz eben. Sie reden gern und viel und mit jedem, der sich etwas abseits der Hauptstraße und der Touristenmeile zum Schloss mit neugierigen Augen und offenen Ohren bewegt, in die Stadtteile verirrt, im Stadtwald Sport treibt, in den Läden und Wochenmärkten stöbert, die beste Weinschorle trinken und den Dialekt entschlüsseln mag, den Sonnenuntergang oder das Nachtleben mitbekommen will. Also, ich wüsste nicht, was die Stadt nicht hat, um glücklich zu sein (außer dem Zugang zum Meer vielleicht). Die nächsten 80 Seiten sind eine Glückssache für alle Neu- und Alt-Heidelberger, für Tages- und Dauergäste, für Europäer und Asiaten, für Natur- und Kulturliebhaber, für Kreative und Künstler.

Ihre Katja Edelmann

# Deine Glücksorte ...

# ... noch mehr Glück für dich

# Glück in luftiger Höhe

**1** *Ausblick von der Heiliggeistkirche*

Höhenangst oder Klaustrophobie sind die einzigen Ausreden, die Margret Friesen gelten lässt. Alle anderen, ob Einheimische oder Touristen, schickt die „Türsteherin" der evangelischen Heiliggeistkirche seit 23 Jahren nach oben: „Nur 208 Stufen bis zur Aussichtsplattform". Der Weg zum Kirchturm ist eine Diva. Er will erobert werden. Nach den ersten Stufen führt er über eine Mittelebene, dann weiter auf die Empore. Hier ist der Blick auf den Kircheninnenraum am schönsten.

Das Kirchenschiff ist hell und klar, hochgewachsen und schnörkellos. Im 14. Jahrhundert wurde die erste Bibliotheca Palatina der damals frisch gegründeten Universität hier untergebracht. An allen Wänden und Decken glänzt der rote, regionale Buntsandstein, besonders schön, wenn die Nachmittagssonne einfällt. Als Kontrast dazu flößen die versteinerten Schlangen- und Drachenköpfe an den Türrahmen ein bisschen Angst ein. Dennoch lohnt es, sich à la Rapunzel von Raum zu Raum und Durchgang zu Durchgang in den Turm hoch zu kämpfen. Wandgekritzel zeigt, wer vor kurzem oder vor vielen Jahren hier war. An der letzten Wendeltreppe bekommt man spätestens nach zehn Rotationen einen Drehwurm, aber das ist es wert. Noch einmal Kopf einziehen und schlank machen im letzten Wendelturm, dann öffnet man das Türgitter! Hier oben fühlt man sich frisch und frei! Auf 38 Metern windiger Höhe spürt man Heidelberger Glücksmomente: Wenn die Tauben und Neckar-Möwen fliegen, man von oben Ruderer und Schiffe auf dem Neckar sieht und den Menschenpulk in der Hauptstraße (in dem man nicht mittendrin steckt), Sänger und Straßenmusiker ihr Repertoire auf dem Marktplatz präsentieren, wenn die Bergbahn den Königstuhl hochkriecht und einige Dächer begrünt aus dem roten Dächerteppich herausstechen. Bis zu 40 Personen passen aufs Rundherum-Deck. Der Blick gen Osten, gen Schloss und Schleuse, ist unschlagbar. Am besten erleuchtet sind diese Highlights um 15 Uhr oder wenn die Sonne untergeht. Dann kann man sich von oben aussuchen, wo man die nächste Rast einlegt.

· · · · · · · · · · · · · · · · · · · · · · · · · · · · · · · · · · · · · · · · · · · · · · · · · · · · · · · ·

◑ Heiliggeistkirche, Hauptstraße 189, Am Marktplatz, 69117 Heidelberg-Altstadt,
Tel. (0 62 21) 2 11 17, www.ekihd.de
◑ ÖPNV: Bus 31, 32, Haltestelle Universitätsplatz, Bus 35, Haltestelle Alte Brücke

# Kein Drama, Alpaka

**2** *Tierwandern ab der Alpakafarm Hirtenaue*

Sind es die großen Augen, die aufmerksamen Ohren, das flauschige Fell? Es ist Liebe auf den ersten Blick, wenn man den vier Alpaka-Buben Gargamel, Sam, Pepino und Black Diamant (Blacky) zum ersten Mal begegnet. Am Pferchelhang über dem Heidelberg-Ziegelhausen haben die jungen Alpakas seit Mai 2019 eine neue Heimat gefunden. Und ihre Ziehmutter Melanie Weigl einen passenden Platz für ihre Leidenschaft als Alpaka-Farmerin. Dafür hat sie die Karriere als Kirchenmusikerin an den Nagel gehängt, den verwilderten Hang mit Unterstützung der Stadt und viel „Handarbeit" in eine Weide umgewandelt, Ställe und Zäune gebaut. Sie will eine Zucht aufbauen.

Die Herde hat ihre Weide an der Hirtenaue zum Fressen gern und ist immer bereit für einen Ausflug mit zweibeinigen Gesellen. Jeweils eine Person der wandernden Familien, Freundeskreise, Betriebsausflügler oder Geburtstagsgäste hält ein Alpaka an der Leine, führt es anfangs auf asphaltierter Straße durchs Wohngebiet, dann auf einem Waldweg bergauf durch Gestrüpp und Geäst. Es ist, als wolle der Wald über Ziegelhausen sagen: „Willkommen in der echten Welt!" Der Alpaka-Wanderer denkt: „Endlich Natur, atmen, zurück zu den Wurzeln!" Die Szenerie wirkt häufig unglaublich komisch. Sie lädt auch die entgegenkommenden Spaziergänger zum Lächeln und Wundern ein. „Lamas in Heidelberg?", fragen sie. „Es sind Alpakas", erklärt Melanie Weigl freudig den Unterschied.

**TIPP** Auf der Farm kann man vor Ort geschorene und gesponnene Alpakawolle kaufen. www.heidelwolle.etsy.com

Wer ein Alpaka führt, fühlt. Man ist gerührt und geerdet zugleich. Alpakas sind keine Kuscheltiere, sondern einfühlsame Wildtiere mit Bedürfnissen und Ängsten. Leithengst Gargamel verfolgt jedes Geräusch, mag keine Kurven und schmollt öfters. Pepino stänkert gern, wendet sich dann aber schnell den saftigen Buchenblättern am Hang zu. Blacky passt sich an. Sam ist der witzigste und gelassenste von allen. Menschen, die krank sind oder das Vertrauen in Menschen verloren haben, schenkt die Begegnung mit den Alpakas Trost, Geborgenheit und Gelegenheit für einen Neustart.

> Alpakafarm Hirtenaue, Am Pferchelhang, 69118 Heidelberg-Ziegelhausen, Tel. (0 62 21) 8 95 88 28, www.alpakafarm-hirtenaue.de
> ÖPNV: Bus 33 oder 34, Haltestelle Mühlendamm (ca. 15 Minuten Fußweg)

# Kein WLAN, als wäre es 1949

**③** *Kultkneipe Weinloch in der „Unteren"*

Für diesen Glücksort definieren wir den Buchtitel mal in „Kultorte" um: Dann stünde das Weinloch an erster Stelle. Militante Nichtraucher, wortkarge und schweigende Menschen sowie solche, die sich bei großem Männerüberschuss unwohl fühlen, macht das Lokal nicht unbedingt glücklich. Aber fehlen darf das Kultlokal in der „Unteren" unter den Heidelberg-Tipps niemals! Der Name ist Programm: Es gibt Wein, viel Wein, 18 Sorten in Form von „dicker" Schorle (wenig Wasser) oder pur, als Gedeck, aus Baden oder von weit her. Dazu eine überraschende Bierauswahl sowie Käse- oder Eibrot.

Im Weinloch wird Service großgeschrieben: Die Wirte hinter der Theke sind überaus zuvorkommend, und der Kühlschrank aus dem Jahr 1949 wird niemals leer. Wie Stühle, Tische und einige Gäste steht er unter Denkmalschutz. „Das Publikum stammt definitiv aus dem letzten Jahrtausend", heißt es in heutigen Studentenkreisen. Dementsprechend gibt es kein WLAN, wird der Vorbeilaufende schon am Fenster der engen Kneipe informiert. Warum auch? Man soll sich unterhalten. Wer reinkommt, wird offen empfangen. Der Wirt fragt sekündlich nach dem Durst, die Mittrinker, Thekensteher und Hinterbänkler sortieren im Kopf nach „den kenn' ich doch, aber woher bloß?" oder „die kenn' ich nicht, woher mag die wohl kommen?". Das Denken und Sprechen findet auf Kurpfälzisch statt. Der Antiquar und Kommunist aus der Altstadt sitzt hier neben dem Altherren-Rugby-Spieler und Handwerker aus Handschuhsheim, Alt-Studentinnen aus den 70er-Jahren stehen neben jüngeren Neureichen aus Neuenheim, die von der glatten Gesellschaft „do drübbe" genug haben und das „echte Leben" wollen. Gegen vier Uhr morgens steht hier einfach jeder, der Durst hat und nicht nach Hause will. Sollten die Aussagen jetzt abschreckend wirken, ein Plädoyer an den Mut: Das Weinloch ist Alt-Heidelberg pur. Man bekommt hier Antworten auf historische Fragen, auf Wohnungsgesuche und würde garantiert fündig werden, wenn man eine verschollene Person sucht.

**TIPP** Weitere Lokale sind Betreutes Trinken (Rockmusik), Destille (Künstlerkneipe) oder Café Burkardt (historisch).

● Weinloch, Untere Straße 19, 69117 Heidelberg-Altstadt, Tel. (0 62 21) 6 72 56 39
● ÖPNV: Bus 31, 32, 33, 35, Haltestelle Marstallstraße

# Das Mittelmeer lässt grüßen

*Platz für alle und jeden auf den Neckarwiesen*

Man teilt. Kostbares Grün und Freiheit am Fluss und den besten ebenerdigen Blick auf die historisch-romantische Kulisse. Fünf Hektar groß sind die Neckarwiesen im Stadtteil Neuenheim, gegenüber der Altstadt und Bergheim. Der Rasen reicht für alle möglichen Lebewesen, Freizeitinteressen, Sportarten, Lautstärken, Familienstände und Bekleidungszustände. Für jeden Einwohner (150.000) wären immerhin 30 Quadratzentimeter Platz auf der Wiese am Fluss. Das haben wenige Städte zu bieten.

Zwischen Ernst-Walz- und Theodor-Heuss-Brücke kann man im Sommer repräsentative Sozialstudien durchführen. Keine Alters- und Einkommensgruppe, die nicht vertreten wäre. Rentner machen die Nordic-Walking-Tour an der Promenade. Touristen gehen spazieren und bewundern das Schloss gegenüber. Hundebesitzer führen ihre besten Freunde aus. Palmen recken sich gen Sonne. (Ja, hier wachsen Palmen!) Kinder rennen, klettern und schaukeln. Eltern trinken Kaffee am Kiosk ku17. Helden in Windeln und Unterhosen bauen Staudämme am Wasserspielplatz – und wollen als Dank ein Eis. Faule Studenten schwänzen die Vorlesung, fleißige kommen zur Mittagspause vom Campus. Leseratten verschlingen Bestseller. Wassersportfreunde leihen sich ein Tretboot. Freundinnen schwatzen. Radfahrer werfen ihre Räder ins Gras und chillen. Kollegen trinken Feierabendbier. Sportler spielen Tischtennis, Volleyball und versuchen Cricket. Vereinsmitglieder versammeln sich. Verliebte teilen sich einen Studentenkuss. Yogis recken den Körper zum Sonnengruß und Nudisten ihn ins laue Lüftchen. Männer grillen. Wildgänse watscheln mit ihren Küken. Partymäuse glühen vor. Alle bestaunen das Feuerwerk zur Schlossbeleuchtung im Juni, Juli und September. Der Sommer am Fluss ist im Fluss. Wer es trubelig mag, ist am späten Nachmittag am Wasserspielplatz nahe DLRG-Stützpunkt und Kiosk ku17 genau richtig. Der Neckar wird zum Mittelmeer, die Luft ist schwül, die Menschen bunt und plaudernd, sich freuend – einfach voller Leben.

**TIPP** In mediterranem Flair unter Palmen genießt man ein Radler mit der Tapas-Variation oder Bikini-Toast wie in Spanien.

● Wasserspielplatz an den Neckarwiesen und Kiosk ku17, Uferstraße 17, 69120 Heidelberg, Tel. (0 62 21) 6 50 13 73, www.ku17.de

● ÖPNV: Straßenbahn 5, 23, 21, 22, 26, 9 und Bus 31, 33, 34, 39, 32, 35, 39, 29, Haltestelle Bismarckplatz (über die Brücke); Straßenbahn 5, 23 und Bus 31, Haltestelle Brückenkopf; Straßenbahn 21, 24, Haltestelle Jahnstraße (jeweils ca. 10 Minuten Fußweg)

# Geduld bekommt Zucker

**5** *Jahrmarkt-Ambiente im Zuckerladen*

Hier fühlt man sich wie ein DDR-Kind 1989 zum ersten Mal im Westen. Der Mund steht offen. Das Wasser läuft darin zusammen. Die Geschmacksnerven wollen Zucker! Das rechte Auge möchte in eine andere Richtung schauen als das linke, um schnell das mehrere tausend Artikel große Sortiment zu erfassen: Nippo, Big Dripper, Mampfi, Xtreme, Glibber und Glitzer. Man könnte ja ein Zuckerle in einer abgeschiedenen Ecke des dunklen Regals aus den 60er-Jahren, zwischen Antiquitäten und Deko-Krimskrams übersehen. Hochgestapelt sind sie bis unter die Decke. Die Aggregatzustände, in denen die Süßig- und Saurigkeiten im Zuckerladen daherkommen, sind zahlreicher als in der Chemie möglich: Kaugummi, Drops, Brausepulver, Esspapier, Lutscher, Lebkuchenherzen – alles bunt, alles zahlreich, alles süß.

Zum Glück muss man kein Kind sein, um hier einkaufen zu dürfen. Im Gegenteil: Stammkunden kaufen seit 1986 ein, bringen jedes Mal Freunde und Familie mit. Jeder auch noch so extravagante Geschmack findet hier eine Nascherei: Wachteleier mit Fleur de Sel gefüllt, Pralinen mit Chili-Füllung, allerlei Fudges, Mandel- und Pistazienbonbons, gern französische Importe. Das Besondere: Hier ist keine Selbstbedienung. Jetzt gilt es eine Entscheidung zu treffen. Erst dann stellt man sich in die Schlange und wartet, bis man vor Marion oder Jürgen steht, Künstlertyp mit exotischer Brille und exotischen Augenbrauen. Man will bezahlen, aber das braucht noch Geduld. „Nimm dir Zeit – und nicht das Leben", steht gegenüber am Schrank auf einem der wild angeklebten Aufkleber. Botschaften an die Wartenden in der Schlange. Sobald man dran ist, bitte Geduld, jetzt ist Spielzeit. „Größer oder kleiner als zehn?", fragt Jürgen. Nochmal entscheiden, obwohl die Wahl beim Einkauf schon schwerfiel? Ja, keine Widerrede. Drei Würfel im handgroßen Würfelbecher werden neben der Kasse geworfen. Ein bis vier Tütchen Süßes bekommt man als Gewinn auf den Einkauf draufgepackt. Eins ist klar: Jeder kommt wieder!

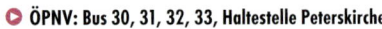 **Heidelberger Zuckerladen, Plöck 52, 69117 Heidelberg-Altstadt, Tel. (0 62 21) 2 43 65**
**www.zuckerladen.de**
 **ÖPNV: Bus 30, 31, 32, 33, Haltestelle Peterskirche**

16

# Selbst und bewusst

## 6 *„Willi", der Wohlfühl-Weststadt-Samstagsmarkt*

Wenn die Stadt nicht will, dann machen wir's eben selbst. Aber authentischer, bunter, regionaler. Das dachte sich ein Grüppchen aktiver Weststädter und eröffnete im Herbst 2012 hemdsärmelig „Willi", den Kultur-Markt am Samstag. Die Initiative Heidelberg für Kunst, Kultur und Genuss e. V. (IHKKG) baut hier am schönsten Tag der Woche ab acht, neun Uhr mitten auf dem Platz Tische auf, legt Spielsachen aus, engagiert Musiker.

Ob Sommer oder Winter – man sitzt an Biertischgarnituren mit Freunden zusammen, die man gerade kennengelernt hat, die nebenan wohnen oder wegziehen mussten (Immobilienpreise!). Im Hintergrund steht beruhigend die Bonifatius-Kirche. Eine Nachbarin verkauft Weidenzweige aus ihrem Garten, eine junge Frau liefert vegane Schokolade (ohne Plastikverpackung). Der Weststadtimker bietet Honig und Honigschaum von hier. Der rosa Oldtimer-Lastwagen der Kaffeerösterei verbreitet Kaffeeduft. Die koffeingierige, schläfrige Schlange wird immer länger. Der italienische Feinkost-Händler vermischt das Ambiente à la française mit Antipasti und Olivencreme. Eine süße Fee verkauft Kuchen und Chai Latte. Eine Malaysierin kocht einmal im Monat Raffinessen aus ihrer Heimat. Laufräder liegen und pausieren. Die Kinder spielen im Schatten von Baum und Sonnenschirmen, finden Freunde, lesen Bücher, die ausliegen. Hier geht das Frühstück direkt ins Mittagessen über.

**TIPP** Außerhalb des Marktes gibt es Leckereien im Café Nomad (Rohrbacher Straße) und im Kaffeezimmer (Bahnhofstraße).

Die Stände und Ideen variieren vom Kleiderflohmarkt bis zum Kunst-Kreativmarkt mit Basteleien, egal ob privat oder professionell. Wer also mit den entspannten Bio-Öko-Regio-Heidelbergern ohne Schickimicki ins Gespräch kommen will, setzt sich einfach mit an den Tisch und „schwätzt" etwas über Flüchtlingspolitik, Nachhaltigkeit oder ganz was anderes. Die Bewohner sind grün eingestellt, ein natürlicher Mix aus Alt und Jung, Dick und Dünn. Apropos dick, ach egal: Am Marktständchen in der Mitte des Platzes kann man am Freiluft-Crêpe-Stand vom „Crêpe Rio" bis zum „Galette Barcelona" durch die Speisekarte reisen.

● Treffpunkt „Willi", Wilhelmsplatz, 69115 Heidelberg-Weststadt
www.ihkkg-kulturmarkt.de
● ÖPNV: Straßenbahn 23, 24, Haltestelle Römerkreis Süd oder Christuskirche

# Urban message

**7** *Grafik auf T-Shirt by Welldone Studios*

Touristen wie Heidelberger wollen ihre Liebe zur Stadt oder ihrem Quartier Bergheim, Neuenheim oder Südstadt am liebsten auf der Brust tragen. Nein, es muss nicht gleich ein Tattoo sein. Ein T-Shirt oder ein Hoodie-Sweatshirt tun es auch, aber nur von Welldone Studios: jung, frech, nachhaltig, gut waschbar. Thumbs up! Die beiden Inhaber Sassan und Florian sind so cool wie ihre Grafikdrucke. Ob Heidelberg-Souvenir-Shirt oder Foto-Pullover vom Enkelchen, ob politische Botschaft („Make America Great Britain again") oder persönliches Tantra („Fuck your diet"): Die Welldone-Jungs können alles auf Textil zaubern. Entweder bringt man den eigenen Style mit oder lässt sich von den urban artists beraten und ein Motiv oder einen Schriftzug kreieren. Der Siebdruck ist ihre Spezialität. Die Crew besteht aus Grafikern, Druckern, Einzelhändlern.

Seit 2015 sind die Welldone Studios hinter den Druckmaschinen hervorgekommen und brezeln nun im kleinen Store auch die Steingasse auf, in passender Nachbarschaft zu anderen individuellen Lädchen.

TIPP **Die Produktion findet in der Werkstatt im Dezernat 16 statt, dem Arbeitsplatz und Zentrum für Kreative in Heidelberg-Bergheim.**

„Steingasse – alles annare kannsch sei' lasse", heißt es auf Facebook. Die urbanen Designer schätzen, was drauf, und auch was drin ist. Die Basistextilien, T-Shirts und Kapuzenpullis in sieben verschiedenen Farben sind als Fairtrade-Ware produziert, ohne dass Arbeiter ausgebeutet werden. Die Veredelung findet mit umweltverträglichen Farben statt. Dabei ist der Preis für ein individuell bedrucktes Shirt auch fair. Hier beweist Heidelberg, dass es auch cool und neumodisch kann. Die Welldone Wear trägt die junge Heidelberg-Identität in die Welt. Doch bei aller Weltoffenheit ist die Crew der Heimat verbunden. „We speak Kurpfälzisch", könnte auf dem Schild stehen, neben Englisch natürlich. Kein Verein, Unternehmen oder Festival, das keine Grafikarbeit von Welldone auf den Trikots und Fahnen stehen hat. Also, mal reinkommen. Ab in die Gass!

**Welldone Studios, Steingasse 18, 69117 Heidelberg-Altstadt, Tel. (0 62 21) 9 98 05 44**
**www.welldone-studios.de**
**ÖPNV: Bus 345, Haltestelle Alte Brücke**

# Kein Plastik!

## 8  *Vierling holt die Natur ins Haus*

Man glaubt, man stünde in der Botanik zwischen Blumen und Blättern, auf einer Kaffeeplantage gar. Holz- und Pastelltöne triumphieren im Concept Store Vierling, auch an den im Vintage-Stil abgeschuppten Wänden. Das Logo ist filigran gestaltet. Holz, Pappe und Blüten dominieren auf den Kommoden und Boards im Laden. Darüber, an der Wand, hängen Kunstwerke. Ein Design-Museum könnte es nicht besser. Hier ist ja auch unverkennbar eine Innenarchitektin am Werk. Gudrun Vierling hat den Blick und das Gespür dafür, Nachhaltigkeit, Natur und Ästhetik in ihrem kleinen Reich in der Theaterstraße, eine der kreativsten Straßen der Innenstadt, zu verschmelzen.

Jede Ecke des L-förmigen Ladens repräsentiert eine eigene Welt. Was man zum Glück nicht findet: Plastik. Mittlerweile sind Alternativen zu Plastik einer breiten Masse bekannt. Doch nicht nur praktisch, auch schön soll der Alltag sein. Hier wird gezeigt, welches Glück die Natur bescheren kann. Blüten und Blätter sind wie Fossilien in die Produkte eingeschlossen oder als Material verarbeitet. Kleine, meist noch unbekannte Labels und Manufakturen aus den Niederlanden, Dänemark, dem Baltikum, der Schweiz, Deutschland und – natürlich – Heidelberg beglücken den neuen Besitzer: Vasen aus recyceltem Glas oder eingeschlossenen Blüten, Leinen-Tischwäsche, Sojawachs-Duftkerzen mit integrierten Blütenblättern, Sisal-Körbe aus Kenia und Finnland, ein Glasrahmenkonzept, Geschirr in extravaganten Formen sowie kuschelige Lebewesen für Groß und Klein, lokaler Kaffee und feine Zeichnungen, Edelstahl-Brotboxen, bunte Schalen und Untersetzer aus Bambus. Frauensachen, kann man meinen. Doch auch der Gatte oder Freund kommt nicht zu kurz und bekommt mit einer Tasche oder einem Rucksack aus upgecyceltem oder nachhaltigem Material ein tolles Geschenk für den nächsten Anlass. Mal sind die Materialien neuartig in der Verwendung, mal sind sie einfach wieder so, wie Oma sie schon benutzte. Aber immer bringen die neuen Dinge eine Botschaft von draußen, vom Feld, Wald oder der Welt mit.

Vierling schöne + nachhaltige Dinge, Theaterstraße 16, 69117 Heidelberg, Tel. (0 62 21) 7 25 25 47, www.vierling.eu
ÖPNV: Bus 30, 31, 32, 33, Haltestelle Peterskirche; Bus 31, 32, Haltestelle Universitätsplatz

# Hafen der Ehe

## 9 · *Wassersport und Klappstuhl: Neckar-Bootsverleih*

Eigentlich ist Klaus Schächter Postbeamter und in Pension. Doch im Herzen und mit den Händen ist er Bootsmann. Er nietet und nagelt, tut und macht mit seinen 79 Jahren am Bootssteg, was an den Booten der Betreiberfamilie anfällt, seit 1946. Doch der schönste Platz im unteren Heidelberg gibt seinem Einsatz Recht: Hier ist die vielbesprochene Romantik zu Hause, ohne dass man es aufs Schild oder an die Tür schreiben muss. Frischluft und Freiheit von April bis Ende September.

Längst ist das Bootshaus von den provisorischen Balken früher auf eine Stahlplattform gehoben. Aus den Ruderbooten der 60er-Jahre sind umgebaute Tretboote, seit einigen Jahren Motorboote geworden. Von der Traditions-Familie Simon ist der Bootsverleih vor sieben Sommern an die Familie Tsochantaridis gegangen. „Kann ich Ihr Freund sein?", möchte man am liebsten fragen, um bei ihnen auf den Klappstühlen überm Wasser Platz zu nehmen und dem Sonnenuntergang flussabwärts zuzuschauen. Man quatscht sich bei der Tretbooteinweisung schnell und gesellig fest. Die Bootshaus-Hunde beschnuppern schwanzwedelnd jeden neuen Gast. Doch die Zeit läuft, ab aufs Boot. Abgerechnet wird pro Person und halbe Stunde, dann pro zehn Minuten. Hand im Fluss, Bein auf dem Pedal: So geht es in Eigen- oder Motorantrieb in Richtung Alte Brücke und zurück. Beste Kulisse im Bootsradius: Heiligenberg und Philosophenweg links, Schloss-Panorama rechts.

**TIPP** Wer Stand-up-Paddeln ausprobieren will, kann das außerhalb am See in St. Leon-Rot tun. www.surfsupcenter.de

Menschen in allen Lebenslagen lieben es: Studenten, Doktoranden, Verliebte, Ehepaare und Familien. Sie kommen von fern oder aus Mannheim. Dementsprechend lang ist die Warteschlange auf die 15 Tretboote und neun Motorboote, die man ohne Bootsführerschein, aber mit klaren Regeln fahren darf. Apropos Verliebte und Verlobte: Für sie haben die Bootswächter das größte Herz, lassen das alte Ruderboot zu Wasser, stellen den Sekt kalt, überraschen die zukünftige Braut beim Heiratsantrag mit einer Botschaft an der Alten Brücke. Mehr als 50 Paare sind so schon in den Hafen der Ehe gefahren.

**Bootsverleih am Neckarufer, Uferstraße 3 (unterhalb Brückenkopf der Theodor-Heuss-Brücke), 69120 Heidelberg-Neuenheim, Tel. (0 62 21) 41 19 25 (reservieren möglich), www.tretbootverleih-hd.de, Verleih von montag- bis sonntagnachmittags bis eine Stunde vor Sonnenuntergang**

# Amor auf den ersten Blick

 *Südländischer Genuss beim Kleinen Spanier*

Auch wenn Heidelberg im Schnitt nur neun Regentage im Monat hat, braucht man einen zuverlässigen Sonnenplatz. Wenn man in den „Kleinen Spanier" reinkommt, geht die Sonne auf. Es ist „amor a primera vista", Liebe auf den ersten Blick, bereits von der Straße aus durchs Schaufenster. Und Liebe auf den ersten Duft, wenn der würzige Jamón (Schinken) vom Ibérico-Schwein an der Original-Keule mit Klaue beim Geschnittenwerden um die Nase weht. Und Liebe auf den ersten Biss, wenn Jamón und Manchego-Käse auf der Zunge zergehen. Und natürlich Liebe auf den ersten Schwatz, wenn der Patrón José Luiz (Inhaber) und andere Spanier, die sich hier gerne treffen, miteinander plaudern und möglichst viele Worte in kurzer Zeit rollen lassen. Dann ist der sonnensüchtige Besucher im kulinarischen Süden angekommen. Spanien in Deutschland – geht immer. Aber es gibt solche und solche Spanier.

José Luiz läuft hinter der Theke hin und her, verteilt Delikatessen aus seiner kastilischen Heimat zum Probieren und komponiert Tapas und Chorizo zum Hier-Essen, Mitnehmen oder als Catering. Zusammen mit seiner Partnerin und Restaurantfachfrau Nicole betreibt der Koch und Sommelier seit 2017 den Laden. 2019 kam die gleichnamige Tapasbar direkt an der Alten Brücke dazu. Im Laden kann man im Tandem das Urlaubsvokabular auffrischen oder über die mehr als 30 Cava-, Likör- und Vino-Tinto-Sorten (Rotwein) von Ribera de Duero bis Gran Reserva philosophieren, das selbstgemachte Dulce de leche (Karamell) probieren, den Honig vom spanischen Öko-Imker und Olivenöl aus José Luiz' Heimatdorf (zum Abfüllen). Die beiden Gastronomen trauen sich auf Biermessen und bei Weinproben auch an ungewöhnliche Spezialitäten wie Cremelikör und Marmelade auf Basis von Bier. Beim „Kleinen Spanier" gibt es Großartiges: Kunden, die die Großfamilie einladen, können hier eine Paella bis zu 25 Portionen bestellen oder vor Ort beim Front Cooking riechen, sehen und schließlich schmecken.

**TIPP** Die Terrasse im Innenhof lockt ab April sonnenhungrige Gäste in ein authentisch spanisches Fleckchen.

● Der Kleine Spanier, Untere Straße 28 (Laden), Obere Neckarstraße 1 (Restaurant),
69117 Heidelberg, Tel. (0 62 21) 3 54 18 22 (Laden), Tel. (0 62 21) 7 25 07 57 (Restaurant)
www.der-kleine-spanier.de
● ÖPNV: Bus 31, 32, 33, 35, Haltestelle Marstallstraße oder Bus 35 Alte Brücke

# Selbstbewusst und modisch

 *… sucht und findet im Bekleidungsladen Glück*

Wenn Skandinavien und Frankreich sich treffen, dann muss man erstens in Heidelberg sein, entsteht zweitens Glück, ist man drittens weiblich, geschmackvoll und nicht standardmäßig gekleidet. Alle drei gelten für diesen Modeladen, den frau in Heidelberg nicht missen soll: „Glück". Das Glück kommt wie im wahren Leben überraschend. Flankiert von den üblichen Handelsketten und Souvenirshops, die es in allen touristischen Städten gibt, sticht der Glücksladen als inhabergeführtes Geschäft auf der langgezogenen Einkaufsmeile Hauptstraße heraus. Schon das Schild „Glück" über dem raumgroßen Schaufenster zieht Laufkundschaft für ein Foto an. Wer reinkommt, bekommt garantiert ein gutes Gefühl und ein neues Outfit.

Das Glück ist wie ein Versprechen: Inhaberin Katrin und ihr Team zaubern Kundinnen mit dem neuen Seidenkleid, der ärmellosen Bluse im 60er-Stil oder dem senfgelben Wildledertäschchen die Freude in Gesicht und Herz. Das macht die Verkäuferinnen ebenfalls glücklich. Der Name hält, was er verspricht. Aber auch Frauen, die nur schauen und kurz quatschen, erfreuen die Glücksritterinnen im Shop. Überhaupt fühlt sich der Laden schnell vertraut an. Es wird geduzt, passend zur Figur beraten und mit Jeans, Unterwäsche oder Schuhen kombiniert. Von schlicht bis auffällig ist alles da, alles schön eingerichtet mit Tischlein und Blümchen, alle Farben: Alles – aber übersichtlich. Weniger ist mehr. Hier warten Lieblingsstücke, die frau leicht finden soll.

Katrin & Co. lieben es, Stammkundinnen ab 30 mit einem für sie zusammengestellten Outfit auszustatten, das in keine Schublade passt. Oberteil goldene Zwanziger, Schuhe 90er, Heidelberg-Kette von der lokalen Manufaktur Fremdformat – oder so. Das Glück bietet auch mal „Ausflüge" in andere schöne Accessoires, mal mit Nagellack, Tees oder Strümpfen. Immer mit dem Gespür für das Sich-glücklich-Schenken.

Glück, Hauptstraße 134, 69117 Heidelberg, Tel. (0 62 21) 8 93 68 56
www.glueck-heidelberg.de
ÖPNV: Bus 31, 32, Haltestelle Universitätsplatz

# Ruhe zu Lebzeiten

 *Spaziergang durch den Wald im Bergfriedhof*

Auf den ersten Eindruck erscheint es vielleicht seltsam, einen Friedhof in die Glücksorte einzureihen. Aber dieser überraschende grüne Fleck ist eher ein friedlicher Wald, der innerlich und äußerlich zum Durchatmen einlädt. Eine grüne Lunge im verdichteten Heidelberg, ein Kultur- und Erholungsort, noch dazu idyllisch charmant am Berghang gelegen, wo früher Weinreben wuchsen. Wer unter Leuten sein will, sollte sich hier begraben lassen, denn Besucher kommen gern vorbei.

Gärtner und Förster der Stadt führen Spaziergänger, Einheimische und Touristen regelmäßig die Gräber berühmter Personen wie Robert Bunsen (bekannt aus dem Chemieunterricht), Friedrich Ebert oder Carl Bosch entlang. Die Stadt kümmert sich seit 1844 um den Friedhof wie um einen älteren Herrn, der tausend Geschichten zu erzählen hat. Schließlich haben hier Nobelpreisträger, Politiker, Forscher, Herzchirurgen, Unternehmer, Rektoren und Schriftstellerinnen ihre ewige Ruhestätte. Wenn man leise ist, hört sich der säuselnde Wind in den Zypressen an, als erzähle er die Lebensgeschichten.

**TIPP** Faltblatt mit Rundwegen und berühmten Gräbern sowie App „Wo sie ruhen".

Vier Rundwege führen in Serpentinen und über schiefe Steintreppen terrassenförmig nach links und rechts und hoch hinauf in den Wald. Endlos wirken die mehr als 20 Kilometer langen, verwunschenen Waldwege, würde man sie aneinanderreihen. Am besten plant man eine Halbtages-Wandertour auf dem Bergfriedhof ein, er misst 14 Hektar! Sportlich und entspannend zugleich. Es gibt sechs Eingänge, flach gelegen an der Rohrbacher Straße oder steil oben im Wald am Oberen Gaisbergweg. Am urigsten ist der Rundweg IV im bergigen oberen Teil. Schön sitzt man im Wald auf der Bank nahe Grab Nummer 25 von Theodor Curtius (siehe Faltblatt), soweit die Natur es zulässt. Der Efeu holt sich kletternd seinen Platz zurück. Man hört die Stadt surren, Krankenwagen-Sirenen und Autos. Doch sie sind weit weg. Innerlich ist man ganz bei sich, philosophierend und träumend zwischen Kiefern und Ahorn, Büschen und Blumen.

Bergfriedhof Heidelberg, Eingang Rohrbacher Straße 100–110 (unten), 69126 Heidelberg oder Steigerweg 20 (seitlich), 69115 Heidelberg, Tel. (0 62 21) 5 82 80 90
www.heidelberg.de/friedhof, www.wo-sie-ruhen.de
ÖPNV: Straßenbahn 23 und 24, Haltestelle Bergfriedhof (Eingang Rohrbacher Straße), S-Bahn S1, S2, Haltestelle West-/Südstadt (Eingang Steigerweg)

# Muckibude im Freien

**13** *Bei Alla-hopp! treten alle Altersklassen an*

Alla gut, alla hopp! Kann es wirklich Zufall sein, dass Dietmar Hopp den Lieblingsausdruck der Kurpfälzer direkt im Nachnamen hat? Der Heidelberger SAP-Mitgründer und Mäzen gibt sein Stiftungsgeld gerne für Fußballvereine oder Bewegungs- und Naturprojekte wie die Alla-Hopp-Anlagen aus. Ein Glück! Auf 13.600 weitläufigen Quadratmetern am Sportzentrum Süd in Heidelberg-Kirchheim ist Platz zum Klettern und Kleckern, Joggen und Yoga, Trimmen und Trainieren, Schaukeln und Slacklining sowie für Sprints und Sprünge, vor allem Freudensprünge. Schüler und Jugendliche zeigen ihre Kunststücke im Parcours und stehen freiwillig zu zweit oder viert am Start der spektakulären 100-Meter-Tartanbahn, ohne dass ein Sportlehrer anpfeifen muss. Ein Highlight: Wellenförmig verläuft die Rennbahn mal hoch, mal runter, mal mit Lücken, über die man wie ein Hürdenläufer springen muss. Kleinkinder probieren die Tartanbahn sogar mit ihren Laufrädern aus, wenn sie nicht gerade in der Matschepampe am Wasserspielplatz buddeln oder bereitstehende Forscherelemente entdecken. Vorschüler testen im naturnahen Bewegungs- und Spielplatz Klettermut und Hangelkraft, bewegen sich

**TIPP** *Bei schlechtem Wetter gibt es am Harbigweg 1-3 die neue Trampolinhalle Sprungbude. www.sprungbude-heidelberg.de*

behände den Kletterfels hoch und hängen dann schreiend vor der Rutsche fest. Sportliche Frührentner kommen mit dem Rennrad angerauscht, machen 20 Sit-ups an der Haltestange und 40 Umdrehungen am Rudergerät im Bewegungsparcours. Das beste Fitnessstudio Open Air.

Wer es langsamer mag oder schon über 75 Jahre ist, macht die Runde an den Fitnessgeräten gemütlicher: Armzug, Liegestütze, Power Push oder Balancierstrecke. Zweites Highlight für alle Altersklassen ist das Pedalo: vorwärts, rückwärts, mit oder ohne Festhalten, mit oder ohne Blick rüber Richtung Königstuhl. Schilder an jedem Fitnessgerät geben Tipps für verschiedene Schwierigkeitsstufen. Und es gibt auch städtische Trainer, die unter der Woche hier kostenlos Sportkurse anbieten. Zum Abschluss noch eine Runde im barrierefreien Familienkarussell. Auf die Plätze, fertig, alla-hopp!

**Alla-hopp-Anlage**, Harbigweg, 69124 Heidelberg-Kirchheim, www.alla-hopp.de www.heidelberg.de

**ÖPNV:** Bus 33, Haltestelle Gregor-Mendel-Realschule (ca. 300 Meter Fußweg), Straßenbahn 26, Haltestelle Messplatz (ca. 600 Meter Fußweg)

# Markt der Sinne

## 14 *Schöner Wohnen im Blume sucht Vase*

Wenn Blumen ein neues Zuhause suchen, gestatten ihnen vor allem Frauen und Frauenversteher mit einladender Handbewegung den Unterschlupf in ihrer Wohnung. Komm herein, du Frühling, Sommer, Herbst oder Winter: Ich werde einen schönen Platz für dich schaffen. Mit dem bildhaften Namen Blume sucht Vase lockt der Laden in der ersten Seitenstraße der Hauptstraße Frau Hinz und Herrn Kunz an.

An den bunten und grünen Körben, Schälchen, Nestern und Töpfen, die vor der hübschen Ladentür stehen, kann man kaum vorbeischauen. Geht man hinein, ist es geschehen. Man ist verliebt, weiß aber noch nicht, in wen – also was. Tausend bunte und grüne Naturschmuckstücke strecken aus der Blütenpracht im schmalen Räumchen ihre Köpfe hoch. Deckenhoch ist das grün-farbenfrohe Meer, dahinter stimmungsvolle Tapete und fröhlicher Anstrich, den das Ladenteam gern alle halbe Jahre verändert. Für jeden Geschmack und Wohnstil gibt es ein Eckchen. Der Kunde hat die Qual der Wahl. Lieber kleine Einzelblüten der gefüllten Papageientulpe in Knallrot oder die riesige Hortensienblüte oder das gediegene

**TIPP** *Kissen und Beutel, die man hier zur Deko findet, stammen vom lokalen Selfmade-Label Frau Heidelberg.*

Bouquet? Dazu ist auf der unteren Ebene der antiken Tische oder zwischen den Blättern eine himbeerrote Kerze, pastellblaue Vase, ein Läufer und Lämpchen oder ein Glücksgeschenk für einen lieben Menschen versteckt.

Zum Glück gibt es Hilfe von den Floristinnen und der Inhaberin Susanne Diehl. Sie überraschen gern, kennen aber auch den Geschmack von Frau Müller, die immer dienstags ihren Hausstrauß abholt, oder vom Nachbar-Ehepaar, das sich jeden Monat einen Kranz binden lässt. Es wird Pfälzisch und Kurpfälzisch gesprochen und eingekauft: Blume sucht Vase bekommt die Blätter und Blüten aus Pfälzer und Heidelberger Gärtnereien. Doch der absolute Hingucker trägt eine niederländische Handschrift und scheint der Natur in nichts nachzustehen: Eine Bodenvase, geformt aus Hunderten nebeneinanderliegenden kleinen Keramikblüten, in hochzeitsweiß oder glamourbunt, ist kaum von den Blumen zu unterscheiden.

○ **Blume sucht Vase, St.-Anna-Gasse 3, 69117 Heidelberg-Altstadt, Tel. (0 62 21) 2 23 75**
**www.blumesuchtvase.de**
○ **ÖPNV: Straßenbahn 5, 23, 21, 22, 26, 9 und Bus 31, 33, 34, 39, 32, 35, 39, 29,**
**Haltestelle Bismarckplatz**

# Schweben über der Stadt

**15** *Fahrendes Denkmal: Bergbahn zum Königstuhl*

Eine Schwebebahn sind die zwei Heidelberger Bergbahnen nicht, doch sie fühlen sich so an. Sie fahren auf Schienen und an einem Drahtseil befestigt als Standseil- und Zahnradbahn. Die schönste Strecke ist von der Bergstation Königstuhl, von 550 Metern Höhe bis zur Mittelstation Molkenkur auf knapp 300 Metern. Alle 20 Minuten fährt eine „alte Dame", wie der Original-Bahnwaggon von 1907 genannt wird. Im Winter geht es kurz vor halb sechs letztmalig hinunter, im Sommer um kurz nach 20 Uhr. Selbst das Warten an der Bergstation ist ein Erlebnis: Am regionalen Kiosk Fuchsbau („Riosk") neben dem Bahnhof kann man von der Aussichtsterrasse auf Heidelberg, bis Mannheim und die Pfalz blicken. Oder man hält sich im Bergbahnhof selbst auf und fiebert der Abfahrt sehenden Auges entgegen. Ab einer Kurve wird die näher kommende Bahn sichtbar, die zur Bergstation Meter für Meter gemächlich hinaufkriecht. Ein Lüftchen zieht durch den offenen Holz-Fachwerk-Bahnhof. Oben angekommen steigen die Touristen aus der Stadt erwartungsvoll aus.

Rund 45 Fahrgäste von oben steigen auf vier Ebenen ein. Die Abteile sind schmal, mit Holzbänken und Stehplätzen. Am besten einen Platz auf der untersten Ebene erhaschen, wo man dem Fahrer fast das Kopfhaar kraulen und durch die großen Fenster nach unten schauen kann. Buggys und Rollstühle passen gerade so hinein. Keine Angst: Trotz der über 125 Jahre kann man der alten Technik vertrauen. Sie stammt aus der Schweiz und wird regelmäßig kontrolliert. Nun „schwebt" der Fahrgast die 1,2 Kilometer lange Schienenstrecke zur mittleren Station Molkenkur. Immer näher kommt man in den zehn Minuten Fahrzeit der Stadt. Manchmal mit 40 Grad Gefälle, links und rechts streift die Bahn Gräser, Bäume oder Schnee, bahnt sich zwischen Felsen durch, überquert Wanderwege. Beim Ausstieg an der Molkenkur wechselt man das Jahrhundert. Seit 2004 fahren zur darunterliegenden Station Schloss und Talstation Kornmarkt (Altstadt) moderne Wagen.

• • • • • • • • • • • • • • • • • • • • • • • • • • • • • • • • • • • • • • • • • • • •

⊙ Heidelberger Bergbahnen, www.bergbahn-heidelberg.de
⊙ ÖPNV: Bus 39, Haltestelle Königstuhl; Bus 30, Haltestelle Molkenkur und Haltestelle Schloss;
Bus 33, Haltestelle Rathaus Bergbahn (Talstation Altstadt)

# Zum Nachdenken

 **16** *Innenhof-Kleinod im Friedrich-Ebert-Haus*

Friedrich Ebert hatte am Ende seines Lebens einige unglückliche Jahre. Und trotzdem ist sein Geburtshaus und das Museum zu seinen Ehren ein Glücksort. Vor allem durch die Lage und die Innenarchitektur: Die Friedrich-Ebert-Gedenkstätte in der unteren Altstadt ist eine Oase der Ruhe und Nachdenklichkeit, abseits von Trubel und Massentourismus. Wenn man den fein gepflasterten Innenhof mit weißen Wänden, rosa und lila umrandeten Fenstern sieht, fühlt man sich in eine längst vergangene, schützenswerte Welt zurückversetzt. Gegenüber vom Museumseingang führt eine knarzende Treppe zum Fachwerkbalkon auf die Zwischenetage. Von hier oben aus hat man den schönsten Blick auf das beruhigende Ensemble dieses Innenhofs. Einfach, aber ehrwürdig. Beim Eintritt in Eberts gute Familienstube muss man sich etwas ducken, dann ist man zurück im Arbeitermilieu der 1870er- und 1880er-Jahre. Niedrige Decken, Herd und Sofa in der Wohn- und Arbeitsstätte der Sattlerfamilie, drei Betten für bis zu acht Personen. Hier hat Ebert Zusammenhalt und das Leben der einfachen Menschen gelernt, für die er sich zeitlebens eingesetzt hat.

**TIPP** *Man kann Friedrich Eberts Spuren weiterverfolgen. Er ist auf dem Bergfriedhof begraben.*

Weiter geht es auf Eberts Spuren im Museum gegenüber. Zehn Räume nehmen den Besucher mit ins frühere Deutschland des Sozialdemokraten von 1871 bis 1925: Von der Arbeiterbewegung über den Ersten Weltkrieg bis zur Weimarer Republik und seiner ersten Reichspräsidentschaft. Man ist mittendrin. Deckenhohe Fotobanner, echte Zeitungen und Zeitzeugen von damals entführen in die früheren Lebenswelten. Geschichtsunterricht zum Nie-mehr-Vergessen. Der Rundgang in die Vergangenheit regt zum Nachdenken an.

Setzen Sie sich danach in den Innenhof, in den das angrenzende Café Burkardt Stühle gestellt hat, atmen Sie die Ruhe ein und halten Sie inne. Hier kann man sich mehr als anderswo darüber freuen, in einer freiheitlichen Welt heute zu leben.

---

● **Friedrich-Ebert-Gedenkstätte (Museum und Geburtswohnung)**, Pfaffengasse 18, 69117 Heidelberg, Tel. (0 62 21) 9 10 70, Eintritt frei, www.ebert-gedenkstaette.de
● **ÖPNV:** Bus 35, Haltestelle Alte Brücke, Bus 31 und 32, Haltestelle Universitätsplatz

# Hip and hot

## 17 *Café und Bar Friedrich*

Das F ist markant. Jeder ist ein Friedrich, kommunizieren die Betreiber ihren Stammgästen: Ob erster Kaffee, Mittagssnack, abendlichen Gin oder Thekenrenovierung: Das Friedrich-Team bindet seine Stammkundschaft gerne in die Aktivitäten ein, die in ihrer Bar, also ihrem Wohnzimmer, stattfinden. Tatsächlich fühlt sich das Friedrich wie ein Wohnzimmer an, ein hyggeliges und stylisches. Es ist das Werk eines Berliner Architekten. Decken, Wände und Böden sind in gelblich gefärbten Betonfarben gehalten. Ein warmes Gefühl. Ein Teppich, Pendelleuchten und Sessel schaffen Wohnzimmeratmosphäre im Vintage-Stil. Kabel und Rohrverkleidung schauen aus der Decke. Ein Stück Kunstwiese klebt an der Wand, davor ein schaffarbenes Sofa. Dieser Platz in der Mitte des schmalen Cafés ist „the place to be, to drink, to chill".

Heidelberg, das vor traditionellen Studentenkneipen strotzt, liebt dieses Café. Es gibt Slow-Food-Kleinigkeiten oder Kuchen zu naschen. Auf Hochtischen und Holzkisten kann man abends Rotwein und Whisky abstellen, tagsüber den Chai Latte (schön wenig gesüßt) oder das Notizbüchlein. Studentinnen mit hippen Taschen tauschen hier den neuesten Uni-Gossip aus. Das gedämmte Licht vermittelt Nähe, in der man Freunden schnell mal Geheimnisse ausplaudert. Gegen Ende der Woche wird es abends randvoll. Im Sommer stehen die jungen Gäste so lang wie möglich in der Tür oder draußen – trotz der vorbeiführenden Hauptverkehrsstraße.

Bis zwei Uhr hat das Friedrich Freitag und Samstag geöffnet, sonst bis Mitternacht. DJs legen auf, regelmäßig gibt es eine Queer Night, wo sich Leute treffen, die vom Heterosexuellsein abweichen. Friedriche und Friederiken probieren sich beim Tasting durch die Whiskies oder lernen, wie man Cocktails mixt.

Café und Bar Friedrich, Friedrich-Ebert-Anlage 1, 69117 Heidelberg, Tel. (0 62 21) 5 85 23 65
ÖPNV: Bus 31, 32, 33, Haltestelle Friedrich-Ebert-Platz

# Bier auf Wein ...

**18** *Bio-Brauerei zum Klosterhof*

... muss auch mal sein. Die Kurpfalz rund um Heidelberg ist eine Genussregion und traditionell ein starkes Weinland. Wie geht es dann den Bierbrauern hierzulande, wie denen vom Klosterhof in Ziegelhausen? Das Team der 10 Jahre jungen Bio-Brauerei antwortet: bestens, Prost! Sie koexistieren friedlich neben kurzpfälzischen Winzern. Denn obwohl Historie und Schubladen im Kopf sagen, dass Biertrinker eher der Arbeiterklasse angehören und Weintrinker genießende Intellektuelle sind, hat nicht auch ein Oberstudienrat mal Bock auf ein Bock oder ein Jurist Gelüste auf ein Belohnungspils? Akademisches Heidelberg hin oder her. Die Brauerei zum Klosterhof ist dafür die erste Adresse. Eingebettet in das ländliche Hofensemble von Stift Neuburg kreiert sie unabhängig frisches, reines, naturbelassenes Bier – handmade in Heidelberg. Das Wasser zum Bierbrauen sprudelt weich und mineralarm aus der klostereigenen Quelle. Dazu kommt Biomalz aus regionalen Getreidesorten und Aromahopfen aus der Hallertau oder Tettnang, der einen Hauch von Citrus, Holunder, Orange oder Minze ins Bier bringt. Die Klosterbrauer werken, warten und experimentieren, sind äußerlich gelassen und innerlich leidenschaftlich.

**TIPP** Auch die Benediktiner-Abtei Stift Neuburg selbst ist einen Besuch wert. www.stift-neuburg.de

Am besten fühlt man sich in die Sinnlichkeit der Braukunst bei Führungen, Seminaren oder Kursen ein. Bei der Führung hängt man dem „Bierzauberer" an den Lippen, der von der beruhigenden Wirkung über den „Bieräquator" bis zum Spiel mit dem Wort „Braut" Bierwissen vermittelt. Man steht in lockerer Atmosphäre im cleanen Vorraum vor den kupferfarbenen Maisch- und Läuterbottichen – und bleibt nicht lange auf dem Trockenen: Der Zuhörer, der direkt neben dem Zapfhahn steht, versorgt die anwesenden Kollegen, Familienmitglieder, Freunde oder Fremde mit dem Gerstensaft von nebenan. Pils, (Bernstein-)Weizen, Helles oder Dunkles sowie saisonale Schätzchen wie Hopfenfuchs, (Advents-)Bock, Märzen oder das Imperial Stout kann man auch während der normalen Brauzeiten probieren und kaufen.

○ **Brauerei zum Klosterhof, Stiftweg 4, 69118 Heidelberg-Ziegelhausen, Tel. (0 62 21) 4 33 23 78**
**www.brauerei-zum-klosterhof.de**
○ **ÖPNV: Bus 34, Haltestelle Stift Neuburg**

# Grinsen und Gelächter

**19** *Ein Kinderzimmer für Große im Farbenreich*

Kindheitserinnerungen beim wiedererkannten Eisenbahn-Print. Gelächter am Kartenstand. Freudenschreie beim Fund des Lieblingsmusters. Impulskauf an der alten quietschgelben Kasse. Das Farbenreich ist – na klar – farbenreich. Reich sind hier auch die Emotionen der Kunden. Natürlich nur positiv. Blumenkinder und Kreativlinge sind hier in ihrer Welt. Der Laden ist voller kreativer Energie, die man schon beim Vorbeilaufen am Schaufenster und beim fröhlichen Durchwühlen durch die Kinderzimmer-Atmosphäre abbekommt. Hier kann man nicht anders: Man stöbert, lässt sich begeistern, nimmt die Freude mit oder lässt alles auf dem Retro-Sofa (für wartende Männer) auf sich wirken.

Das Farbenreich präsentiert eine Fülle von Alltagsgegenständen und Accessoires, die laues, langweiliges Leben bunter machen. Karo-Kannen, Kirsch-Kissen, Pünktchen-Papiere, Tiger-Tape: Alle Formen und Farben und trendige Tiere von 1970 bis jetzt sind hier auf Papier, Plakate, Tapete, Socken, Babyhosen, Taschen, Kissen, Vorleger, Buttons, Karten, Stifte, Klebebänder, Sattelbezüge, Gürtel, Schmuck, Wimpel und Brettchen gedruckt. Vom Einhorn bis zum Faultier werden hier alle coolen Tiere als trendige Stilelemente gewürdigt.

Apropos Trends: Inhaberin Barbara Wolf sprudelt vor Neugier auf Neues und spürt kleine unbekannte Marken auf, bevor sie ein Trend werden und sich in der Rhein-Neckar-Region ausbreiten. Meist kommen die aus Berlin oder Hamburg, aber auch Heidelberger Selfmade-Marken von nähenden Müttern und kreativen Studenten hat sie im Sortiment. Leckere Lacher gibt es zum Beispiel mit den neuen Glückskeksen, die sich Pechkekse schimpfen und den größten Feind oder besten Freund foppen: „Schwarzer Keks, schwarzer Humor". Fazit: Jeder findet hier einen Glücksbringer oder ein Mitnehmsel aus dem trendigen Hippie-Retro-Heidelberg, das in diesem Laden fröhlich und frei die bunte Epoche feiert. Und wenn es nur eine spruchdrückende Karte ist oder eine Wertmarke mit Ein-Wort-Botschaften wie „Glück", „Einladung", „Sex" oder „Kein Sex" für den Lieblingsmensch.

---

Farbenreich, Plöck 75, 69117 Heidelberg-Altstadt, Tel. (0 62 21) 7 16 79 45
www.farbenreich-shop.de
ÖPNV: Bus 31, 32, Haltestelle Universitätsplatz oder Bus 31, 32, 33, Haltestelle Peterskirche

# Bäume der Welt

 **20** *Indianerstämme im Arboretum am Königstuhl*

Wenn der Adler vor einem zu Land seine Flügel ausbreitet, sollte man aufsteigen. Mit dem König der Lüfte möchte man so hoch auf 20 oder mehr Meter fliegen wie der Urwelt-Mammutbaum hier gen Himmel wächst. Also steigen vor allem kleine Naturfreunde im Heidelberger Stadtwald auf den Weißkopfadler. Obwohl – oder gerade – weil er hier aus Holz und eigentlich ein Tisch ist. Adler, Totempfahl und zwei grobe Holzbänke bilden nahe der Wanderhütte Sprunghöhe eine Einheit, die sich natürlich und kulturell in die Landschaft schmiegt und menschlichen Waldgeistern Anlass zum Bewundern bietet. Bedächtig und staunend steht oder sitzt man vor den Indianer-Elementen und dem 150 Jahre alten Riesen aus dem nordamerikanischen Urwald. Hier kann man das Glück umarmen und mit anderen Abenteurern den Mammutbaumstamm zu umfassen versuchen.

Heidelberger Förster pflanzten die importierten Bäume damals als Symbol des menschlichen Lebens im Einklang mit der Natur und den Menschen untereinander. So wachsen Mammutbaum, Kiefern, Ahorn, Eichen, Tannen und Schnurbaum hier in einer multikulturellen Waldgemeinschaft. Das spiegelt auch die multikulturelle Gesellschaft der Stadt wider. Es riecht nach feuchtem Waldboden, sauberer Luft und echter Freiheit für große und kleine Dreckspatzen. Sanfte, schlammige Waldwege gehören den mutigen Mountainbikern, die vom Königstuhl über die Sprunghöhe hinab ins Tal sausen. Nordic Walker sind gemächlicher unterwegs und meistern den Anstieg auf den Wegen vom Gaisberg oder der Rohrbacher Höhe, die hier sternförmig ankommen und sich neu verteilen. Rotbraune Erde und grün bemooste Felsbrocken wechseln sich ab. Trockenes Laub auf dem Boden macht die Wege sanft. Das Glück liegt hier im Laisser-faire. Die Natur wird sich selbst überlassen. Dann hat sie die größte Kraft. Hier darf der Specht klopfen, der Wind säuseln, das Echo schallen und die Rhododendren und Azaleen im April und Mai blühen wie ein Meer.

**TIPP** Im Arboretum II weilt man am Speyerer Hof in asiatischen Gefilden.

🔘 Arboretum I, Parkplatz Blockhütte, Gaiberger Weg 1, 69117 Heidelberg
**www.heidelberg.de**
🔘 ÖPNV: Bus 39, Haltestelle Speyererhof oder Haltestelle Königstuhl (jeweils ca. 25 Minuten Fußweg)

# Frische Ware, ökologisch

## **21** *Junger Spirit im Altbau: Modemix im Coccon*

Exklusiv, gediegen, etwas altmodisch: Neuenheim ist bekannt für Tradition und Chic in Bevölkerung wie Bebauung. Doch Überraschung! An der Hauptverkehrsstraße für Auto, Bus und Straßenbahn, fast an der Theodor-Heuss-Brücke, schwebt ein Schmetterlingssymbol über der Jugendstil-Fassade. Das Innenleben des Bekleidungsgeschäfts sticht an diesem Ort jünger und stylischer aus den benachbarten Geschäften heraus. Wie in der Natur wird man hier überrascht von frischer Auswahl und einem breiten Spektrum. Wie aus dem Kokon entpuppt sich die Schmetterlingsart immer wieder anders. Hier gibt es Textilien von exotisch-blumig über klassisch-elegant bis korkig-bequem, Kleider, Hemden, Hosen und Strümpfe. Das spannendste Sortiment gibt es bei den Schuhen, alle bequem und, so gut es geht, „organic" oder „vegetabil", aus Leder mit Kork oder Bast: Sneakers, Stiefel, Desert Boots mit Lammfell, Slipper oder Zehensandalen, japanische, portugiesische, dänische bis brasilianische Modelle.

Der Raum ist nach oben und um die Ecke nach hinten groß, geräumig und gut sortiert. Das lädt ungezwungen zum Anprobieren ein. Je schwerer den Kundinnen und Kunden die Wahl fällt, desto leichter machen es ihnen die Modeberater. Lässig und stilsicher berät das Coccon-Team zu jeder Figur und jedem Typ. Man stellt sich vertrauensvoll vor den Spiegel, und die jungen, kompetenten Verkäufer empfehlen. Authentisch und herzlich erzählen sie zu jeder noch so kleinen Marke eine Geschichte, denn: Die kleinen werden bei Coccon groß gemacht. Sobald trendige Marken in aller Munde und in aller Schränke sind, „schmeißt" das Coccon sie aus dem Sortiment. Das Coccon liebt es, Kleidung in allen Stilrichtungen passend für Kunden von Anfang 30 bis Ende 80 anzubieten und zu kombinieren. Hier ist die ganze Familie willkommen, vom Säugling bis zur Großmutter. An Samstagen wird es besonders voll. Dann stehen manchmal drei Kinderwagen im großzügigen Altbau-Laden, während die Eltern sich mit Schuhen für lange Spaziergänge eindecken.

.............................................................

**Coccon Bekleidungshaus, Brückenstraße 10, 69120 Heidelberg-Neuenheim, Tel. (0 62 21) 48 45 88**
**www.coccon-hd.de**
**ÖPNV: Straßenbahn 5, 23 und Bus 31, Haltestelle Brückenstraße**

# Naturwirtschaft

 **22** *Rindfleisch und Landluft im Bierhelderhof*

Was haben eine Rentnerin, ein internationaler Molekularbiologe und ein Wanderer gemeinsam? Sie teilen sich unter der Woche Biertische und Stuhlkissen im Bierhelderhof. Am Wochenende ist der Hof in der Hand von Familien und Ausflüglern. Hier wird Heidelberg zum verlassenen Dorf: Rundherum hügelige Blumenwiesen, Landluft, surrende Traktoren und muhende schwarze Rinder auf der Weide. Der beste Platz ist direkt am Jägerzaun – wie gemacht für den urbanen Besucher, der „zurück zur Natur" will und die Farben, Düfte und Geräusche der Natur aufsaugt.

Einsam und abseits der Stadt sind hier in der rustikalen Gutsschänke 50 Plätze sowie über 300 Open-Air-Plätze im Biergarten und auf kleinen Terrassen gerichtet. Kastanien und Platanen, so groß wie Riesen, spenden Schatten. Darunter herrscht badische Ordnung. „Keine Kartenzahlung, kein Tischwechsel" wünscht die Betreiberfamilie Schumacher. Als Belohnung fürs „Stillsitzen" bekommen die Gäste mittags, zum Vesper und abends seit 55 Jahren nur das Frischeste aus der traditionellen Familienküche der Rinderzüchter. Nicht umsonst stehen die Angusrinder in Sichtweite: Dank der hochwertigen Nahrungsquelle bringen die Schumachers feinfaseriges, gut marmoriertes Fleisch auf den Teller. Die Entscheidung fällt schwer: Mastochsenfleisch, Rinderbraten, Rumpsteak vom Grill oder Rumpsteak Madagaskar? Wer es pflanzlicher mag, bestellt Salatteller, Maultaschen, Käsespätzle mit Zwiebelschmelze oder im Herbst Pfifferlinge. Für Hungrige am Nachmittag gibt es Vesperteller mit hausgemachter Wurst und Brot, Saumagen, Wurstsalat oder Handkäs mit Musik. Wo ist da bitteschön die Musik? Da lauscht man am besten dem eigenen Körper bei den Verdauungsprozessen, womit wir wieder bei der Naturwissenschaft wären. Höher gelegen findet man im Wald das Europäische Molekularbiologielabor (EMBL) und das Institut für Kernphysik. Ob Naturwissenschaftler oder Kind der Natur: Man sitzt, rutscht und isst zusammen, ganz natürlich.

Gutsschänke Bierhelderhof Heidelberg, Bierhelderhofweg 1, 69117 Heidelberg, Tel. (0 62 21) 2 28 27, www.bierhelderhof.de

ÖPNV: Buslinie 39, Haltestelle Bierhelderhof/Ehrenfriedhof (ca. 5 Minuten Fußweg)

# Zu den Hoppelhasen

**23** *Forschungsfeld Botanischer Garten*

Beim Eintreffen auf dem Neuenheimer Feld kommt dem Besucher – nicht ganz ungewöhnlich – eine summende Biene entgegen. Der Umgebung und der Bezeichnung nach zu urteilen ist man mitten in der Botanik, auf dem Uni- und Forschungscampus namens „Im Neuenheimer Feld". Studenten und Forscher des Deutschen Krebsforschungszentrum (DKFZ), der Max-Planck- und anderer Institute sowie der Uni-Kliniken können hier ein Eigenleben führen wie in einem kleinen, kompakten Städtchen. Eingebettet zwischen Kliniken, Wissenschaftsstandorten und Wohnheimen ist der Botanische Garten eine grüne Oase.

Der größte Teil des Garten-Geländes liegt offen im Freien, die Pflanzenhäuser mit seltenen und schützenswerten Bromelien und Orchideen haben Öffnungszeiten. Wo das Hirn forscht und arbeitet, braucht es genügend Sauerstoff. Menschen können hier durchatmen. Patienten der Kliniken genesen im Gärtchen, Wissenschaftler verbringen ihre Mittagspause. Eltern bringen ihre Babys im Kinderwagen zum Schlafen und ältere Kinder zum Austoben. Rentner drehen ihre tägliche Spazierrunde. Naturfreunde suchen einzigartige Baumarten und Blüten. Andere laufen einfach von A nach B durch die Parkanlage. Alle suchen im Sommer Schatten unter den Mammutbäumen, Douglasien, Zypressen und Buchen im Arboretum. Der schönste Platz unter den Bäumen ist die Farnschlucht daneben. Schon der Name verzaubert – und der Ausblick von der Bank kurz vor dem leicht hinab führenden Rindenmulch-Weg noch mehr. Jeder Windhauch, der die Farne und Kräuter von Silberblatt bis Wurmfarn und Waldmeister bis Baldrian zum Wippen und Schaukeln bringt, beruhigt. Man hat das Gefühl, den immergrünen Pflanzen dabei zuzusehen, wie sie guten Sauerstoff produzieren. Die weißen Schildchen an allen Pflanzen haben viel zu erzählen. So viel Ruhe und Natur macht auch die Tierwelt zutraulich. Wie im Märchen hoppeln Feldhasen bis auf einen Meter vor der Bank über Wiesen, bemooste Steine, unter Büsche und Weinreben. Oberhalb kreisen Störche, Amseln und Blaumeisen. Nach wenigen Minuten unterscheidet man Vogelarten am Zwitschern.

**◗ Botanischer Garten der Universität Heidelberg, Im Neuenheimer Feld 361, 69120 Heidelberg-Neuenheim, Tel. (0 62 21) 54 57 83, https://botgart.cos.uni-heidelberg.de, Eintritt kostenlos**
**◗ ÖPNV: Bus 31, 32, Haltestelle Botanischer Garten**

# Tante-Anna-Laden

**24** *In der Chocolaterie St. Anna No 1*

„Hallo Oma", möchte man die Dame hinter der Verkaufstheke begrüßen. Sie trägt eine weiße Schürze um den Bauch und weiß schon, was man will. Die Kunden versorgt sie mit selbstgemachten Schokoladenpralinen, mit Teufelchen oder Heidelberger Herzen. Studenten, Einheimische und Touristen wärmt sie mit einer Trinkschokolade, weiß oder schwarz, im italienischen Stil. Sie denkt daran, noch etwas für Zuhause mitzugeben: Die originale Dose Schokoladenpulver „Heidelberg Theobroma" (Kakaobaum), auch in Variationen mit Chilli, Zimt oder Ingwer, passt in jeden Rucksack.

Hier hat man alle Zeit der Welt, alles geht einen Gang langsamer. Auch die Besitzerin ist im Großmutter-Alter. Erst als Rentnerin erfüllte sich Giuseppina Ehmann vor einigen Jahren den Kindheitstraum vom Schokoladenladen. Sie importiert viele Zutaten aus Italien. Nicht verwunderlich, dass die Chocolaterie der „Slow-Food"-Bewegung angehört. Hier fühlt man sich verstanden und verwöhnt wie auf Großmutters Schoß. Die Einrichtung stammt ebenfalls aus der guten, alten Zeit. Im Verkaufsraum hängen Bilder von fröhlichen, schokoverschmierten Kindern. Auf verschnörkelten Küchenregalen sitzen Puppen, ein antiker Puppenherd glänzt dazu. Der Laden könnte das Spielzimmer einer kleinen Prinzessin sein oder ein Tante-Emma-Laden der Jahrhundertwende. Die alte Kasse wird gekurbelt und stößt eine längst vergessene Kassensinfonie aus. Anregend wirken mehr als zehn selbstgemachte Eis-Spezialitäten von Zimt, Nougat, Marrons Glacé, Chilli bis süße Salami.

Wer noch immer nicht überzeugt ist, kann sich auch von den Empfehlungen klassischer Meister leiten lassen: Wie eine Bordüre laufen deutsche, englische und italienische Schokoladen-Weisheiten als Text unterhalb der Decke an der Wand entlang, wie zum Beispiel die von Goethe: „Wer eine Tasse Schokolade getrunken hat, der hält es einen ganzen Tag auf der Reise aus. Ich tue es immer, seit Herr von Humboldt es mir geraten hat." Hören Sie auf ihn.

○ Chocolaterie St. Anna No 1, St.-Anna-Gasse 1, 69117 Heidelberg-Altstadt, Tel. (0 62 21) 4 34 00 87
www.chocolaterie-st-anna.de
○ ÖPNV: Straßenbahn 5, 23, 21, 22, 26, 9 und Bus 31, 33, 34, 39, 32, 35, 39, 29,
Haltestelle Bismarckplatz

54

# Gehegt seit 300 Jahren

 *Picknick oder Konzert? Schlosspark Schwetzingen*

Wenn es die Heidelberger aufs Land zieht, kommen sie nach Schwetzingen in den Schlossgarten. Mit 1200 Hofleuten verbrachten die pfälzischen Kurfürsten aus Mannheim im 18. Jahrhundert hier ihre Sommer. Seither hat sich an der Schönheit nichts geändert. Es singt und klingt, kreucht und fleucht, erzählt und verzaubert. Mozart, Voltaire und Schiller spazierten schon hier. Heute leben Eichhörnchen, Igel, Fuchs, Specht, Wildgänse, Nutria und Fische im Park. Minerva, Arion, Apollo und Merkur bleiben für die Ewigkeit. Gehegtes und gepflegtes Grün im Arboretum, Gärten rund um Römisches Kastell, Chinesische Brücke und Gartenmoschee beflügeln auf 72 Hektar feinsinnige Ausflugsgäste, Botaniker und Kunsthistoriker. Bei Sonne und Regen flanieren im Jahr 700.000 Gäste die geometrisch angelegten und geschlängelten Gänge vorbei an Tempeln, Seen, Brunnen und Fontänen bis ans „Ende der Welt".

Man plant am besten einen Tagesausflug im barocken Lustgarten ein, am schönsten ist es mit Picknickdecke und Snackkorb. So kann man die Naturschauspiele bewundern und den entlegensten und romantischsten Winkel des Gartens am Merkur-Tempel entdecken. Der schönste Platz ist im offenen Fenster der Ruine – Blick auf die Silhouette der rosa getünchten Gartenmoschee am Weiher gegenüber. Wo Welten und Kulturen zusammenkommen, ist Ruhe und Frieden. Im Frühjahr geleiten zartrosa blühende Mandelbäume den Besucher dorthin. Noch ein Krönchen obendrauf: Das schnuckelige Rokokotheater mit 450 Sitzplätzen will aus dem Dornröschenschlaf geweckt werden, den es seit 1752 schlummert. Die Luft riecht nach adretten Hofdamen, Kerzenbeleuchtung und hölzerner Bühnenmaschinerie. Abendlicht und Frischluft strömen aus dem westlich gelegenen Fenster hinter der Bühne ins Hof- und Rangtheater. Die beste Akustik hat man in der siebten, achten Reihe, wenn das alte Theater bei den Schwetzinger Festspielen, Mozartfest oder einer der Führungen erstrahlt.

- - - - - - - - - - - - - - - - - - - - - - - - - - - - - - - - - - - - - - - - - -

**Schlossgarten und Rokokotheater Schwetzingen, Schlossstraße/Karlsruher Straße, 68723 Schwetzingen, www.schloss-schwetzingen.de**
**ÖPNV: Bus 717, Haltestelle Schwetzingen Schlossplatz, R2 ab Mannheim nach Schwetzingen Hauptbahnhof (ca. 5 Minuten Fußweg)**

# Coole Ecke am Kreis(el)

## 26 *Jungs und Mädels von nebenan: Kaffee Bar P11*

Wo Café am Römerkreis draufsteht, ist P11 drin. Zentral, doch unauffällig an einem riesigen Verkehrskreisel gelegen, werden Café und Bar P11 auf den ersten Blick unterschätzt. Doch drinnen geht dem Gast das Herz auf bei aufgepepptem, modernem Coffee-Ambiente und klarem Design. Die Tapeten sind in warmen Karomuster-Rottönen der 80er-Jahre gehalten, davor um die zehn Zweier-, Dreiertische. Entlang der bodentiefen Fensterfront reihen sich Barhocker – der beste Platz zum Zeitunglesen oder Sinnieren. Durch die Scheiben kommt viel Licht herein, und der Blick geht hinaus. Oder er klebt an den Lippen des Gesprächspartners. Tagsüber zieht es Studenten und Freundinnen auf einen Schwatz hierher und Verliebte auf eine Liebesbekundung. Es gibt täglich wechselnde Snacks, Suppen und Pasta. Der längliche Gang hat auch Platz für ein, zwei Kinderwagen. Man trinkt sich durch die Welt der Heißgetränke wie im Wohnzimmer von Freunden: Espresso, Cappuccino, Maroc, heiße Schoki mit Schuss, Tiger Spice Chai Latte oder tausend Teesorten. Oder man kühlt sich ab bei kultigen Limonaden wie Ingwer-Almdudler, Thomas Henry, Heldenpause oder Fritz-Cola. Straßenbahnen oder Autos draußen können einem egal sein, im P11 sind die (Stamm-)Gäste mit allen Sinnen im Hier und Jetzt. Abends füllt sich das aparte Ecklokal mit lässigen Partygästen. Man feiert seinen Geburtstag mit Freunden. Leichte Dance-Rhythmen tönen aus den Boxen. Die großen Fensterscheiben beschlagen vor Stimmung. Auch Mitternacht gibt es noch Kuchen oder Croissants gegen den Hunger. Hinter der Theke hot shots, auf die Theke cool shots: Schnittige Barmänner und -frauen kredenzen einen Cuba libre, Moscow mule oder eine Pfälzer Weißweinschorle. Zum Abkühlen einfach vor die Tür gehen. Wer's malziger mag, kann sich von Süd nach Nord trinken, vom Tannenzäpfle bis Berliner Weiße und Becks. Überraschend an der Bar: Sie hat wenig vom namensähnlichen P1 aus München. Normalos statt Schickeria.

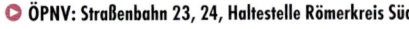

**P11 Café Bar Am Römerkreis, Bahnhofstraße 63, 69115 Heidelberg-Weststadt**
**Tel. (0 62 21) 6 59 32 23, www.p11-hd.de**
**ÖPNV: Straßenbahn 23, 24, Haltestelle Römerkreis Süd**

# Der Wolf im Waldpelz

**27** *Sagenumwobene Quellen am Wolfsbrunnen*

Um an diesen idyllischen Platz nah an den Wolf zu kommen, würde man sogar mit Rotkäppchen oder den sieben Geißlein tauschen. Ein grüner Waldhang, natürliche Quellen sprudeln, der Schlierbach rauscht säuselnd, schlängelnd ins Tal, der Stadtteil Schlierbach liegt zu Füßen im Neckartal, die Tannen knistern oberhalb im Wind, der Kuckuck ruft. Das Highlight ist hier die Naturkulisse, die kein Heimatfilm hätte besser inszenieren können. Kulturell betrachtet ist der Wolf das Highlight, weniger der historische Brunnen. Den übersieht man leicht. Denn mitten im Quellsee steht etwas grün bemoost und von Steinen umgeben ein Wolf. Okay, er ist versteinert, aber anmutig. In solch verwunschener Umgebung fühlt er sich am wohlsten und lässt sich vom kleinen Aussichtspodest aus bewundern. Oberhalb der Quellen steht der denkmalgeschützte Wolfsbrunnen mit vier Wolfsköpfen umrandet.

Was hat es mit den Wölfen hier auf sich? Die erste Sage stammt aus dem Mittelalter, als die Wahrsagerin Jetta hier gelebt haben soll und von einer Wölfin angegriffen und getötet wurde. Die zweite Geschichte erzählt von einem Wolfsjäger, dessen Haus im 15. Jahrhundert hier stand. Die dritte Story berichtet vom Kurfürsten, der 1550 hier ein Jagd- und Lusthaus bauen ließ und es mit Gästen vom nahe gelegenen Heidelberger Schloss nutzte (gleiche Höhe, drei Kilometer entfernt). Aus dem Jagdhaus wurde ein dreistöckiges Schweizerhaus, mit weißen Balkonlatten ein schicker Farbkontrast zum umgebenden Waldgrün. Seit 2015 vereint das Restaurant Wolfsbrunnen gehobene ländliche Küche und Kulturveranstaltungen. Doch auch Natur- und Frischluftfreunde kommen hier auf ihre Kosten. Auf der Wanderung aufwärts gen Felsenmeer queren Kröten und Frösche die feucht-nassen Wege (1,7 Kilometer). Abwärts ins Stadtteilzentrum Schlierbach kreuzen Bergmolche und Salamander den Pfad an Bach und Fischteichen entlang (700 Meter). Ab Mai beginnt die Biergartensaison, und man kann es kaum erwarten, vor dem Wolf ein Palmbräu zu schlürfen.

○ Wolfsbrunnen mit Restaurant und Biergarten, Wolfsbrunnensteige 15, 69118 Heidelberg,
Tel. (0 62 21) 37 37 92, www.restaurant-wolfsbrunnen.de
○ ÖPNV: Bus 30, Haltestelle Wolfsbrunnensteige

# Bienvenue au Max Bar

 **28** *Mediterrane Gefühle am Marktplatz und Brunnen*

In der Max Bar wird Matthias zu Matthieu. Der frankophile Inhaber, „le patron", die Theke, alte Blechschilder mit verschnörkelten Aufschriften zu „Téâtre" und „Salle d'attente", die Musik – alles original aus Frankreich. Seit 1991 ist das Bistrot am Marktplatz Kult. Alte und junge Altstädter, Intellektuelle und Künstler, Raucher, Touristen, neue und ewige Studenten finden auf 20 Quadratmetern Bar französisches Flair. Im Winter bleibt man drinnen. Senfgelbe Wände vermitteln „Laisser-faire" aus Studententagen. Die hinteren Plätze und Ecken liegen wie hinter einem Vorhang aus Melancholie und Poesie, Vergnügen und Verruchtheit. Künstler warten auf ihre Einfälle, Nachbarn auf alte Bekannte.

Bei Weißweinschorle oder Cappuccino an der Theke kommt man ins Gespräch mit Altstädtern. Sie schwelgen in Erinnerungen von früher und erzählen wehmütig, wie Heidelberg sich verändert hat und die alten Geschäfte sterben. Zigarettenrauch vernebelt die schweren Gedanken. Am Morgen wird das Lokal durch Fenster und Türgläser hell und sichtbar. Das Leben spielt sich an der offenen Tür und zwischen den Barhockern ab: Schneller Espresso vor der Uni und der Arbeit. Es duftet in französischer Manier nach Brioches, Café au lait und gedruckter Zeitung. Im Sommer ist die Max Bar Teil des Gastronomie-Ensembles auf dem Marktplatz. 20, 30 Tische der Max Bar stehen in privilegierter Lage. Der Schatten der Heiliggeistkirche und ein kühles Bier erfrischen verschwitzte Stammgäste und Reisende. Unzählige Stühle warten auf sie wie Strandliegen auf Badegäste. Italiener und Franzosen bekommen hier Heimatgefühle. Das Rathaus erinnert an alte Barockzeiten, der Herkulesbrunnen lädt zu Wasserspielen ein. Die zwei Bänke davor sind ständig belagert. Vom Außensitz der Max Bar genießt man ein abwechslungsreiches Programm: Bunte Völkchen von Touristen, Händlern, Sängern und Straßenkünstlern, Savoir-vivre à la Heidelberg.

* * *

◗ Max Bar am Herkulesbrunnen und Rathaus, Marktplatz 5, 69117 Heidelberg
Tel. (0 62 21) 2 44 19, www.max-bar-heidelberg.de
◗ ÖPNV: Bus 30, 31, 32, Haltestelle Universitätsplatz, Bus 35, Haltestelle Alte Brücke

# Jungbrunnen aus 1001 Nacht

**29** *Erlebnis-Location im Alten Hallenbad*

Lust auf ein Bad? Leider ist es nur noch mental möglich, in den heiligen Hallen des Alten Hallenbads in Heidelberg-Bergheim ein Bad zu nehmen. Von der Bergheimer Straße (Nordseite) aus kann man unter Dachverglasung mit viel Tageslicht durch das Gebäude schlendern bis zum repräsentativen Zugang an der Poststraße (Südseite). Man kann das warme Wasser, das ab 1906 hier für Männer und Frauen – unterteilt in erste, zweite und dritte Klasse – eingelassen wurde, hier förmlich spüren. In der heutigen Salzoase (Casa Salis) im ehemaligen Dampfbad kann man eine Nuance Altes Hallenbad noch riechen. Auch die Augen gewinnen am Schriftzug „Wannenbäder" und „Schwimmbäder" an der Gebäudefassade der Poststraße einen Eindruck davon. Die Treppen sind mit Mosaik dekoriert, der Handlauf ähnelt alten Rohrleitungen, in den Toiletten stehen Baderegeln. Auf dem Weg durch die Passage steht das alte Kassenhäuschen (heute Weinbar) zur Bewunderung parat.

Doch man kann die Zeit nicht auf die Jahre vor 1981 zurückdrehen, als das Bad noch in Betrieb war. Also sollte man alles dafür tun, um einmal hinter die Kulissen des 2013 renovierten Jugendstil-Schmuckstücks zu gelangen. Für die heutige kommerzielle Nutzung ist die Innenarchitektur der vielen Räume vom Kesselhaus bis zur Dachlounge fast ein bisschen zu wertvoll: Gastronomie, Einzelhandel und Veranstaltungen sowie seit 2018 die Ausstellung „Körperwelten – Anatomie des Glücks" haben hier ihren Platz. Leicht und preiswert kommt jedermann in die Alnatura-Markthalle oder ins ehemalige Kesselhaus in der unteren Etage, wo die Arbeiter werkelten. Alles beim Alten wie vor hundert Jahren. Besonders schön sitzt man hier in dem verspielten, verwinkelten Innenraum des Restaurants Urban Kitchen, wo uns verchromte Brunnen und Armaturen sowie Fliesen und offengelegte Wände in die alte Zeit entführen. Wer mehr Jugendstil-Ästhetik aufsaugen will, muss sich Tickets für Events und Privatfeiern besorgen wie früher die erste Klasse im Bad.

· · · · · · · · · · · · · · · · · · · · · · · · · · · · · · · · · · · · · · · · · · ·

**○** Altes Hallenbad, Poststraße 36/5 oder Bergheimer Straße 43/45, 69115 Heidelberg-Bergheim, Tel. (0 62 21) 67 33 81 00, www.alteshallenbad.de
**○** ÖPNV: Straßenbahn 22, Bus 32 und 35, Haltestelle Altes Hallenbad

# Rohrbach ohne Grenzen

 *Kochen, Kinder, Kultur im Mehrgenerationenhaus*

Die Wimpelkette vor dem terrakottafarbigen, fünfstöckigen Fachwerkhaus aus 1899 ist so bunt wie die Menschen, die hier ein- und ausgehen: Künstler und Lebenskünstler, Kulturschaffende und Kulturhungrige, Köche und Gäste, Alleinstehende und Alleinreisende. Alle Ideen und Typen haben Platz im offenen Kulturzentrum und Begegnungshaus. „Manche kommen mit dem BMW, andere mit dem Rollstuhl", heißt ein Bewohner Besucher willkommen. Inklusion steht im Leitbild der Diakonischen Hausgemeinschaft. Es gibt für jeden das passende Thema im Wochenplan: Musik, Tanz, Kunst, Kräuterkunde, Andachten, Philosophie und Gesundheit. Ein selbstgemaltes, fröhliches Schild vor der riesigen, hauseigenen Linde zeigt den Weg zum Café-Klatsch, immer dienstags und donnerstags. Die renovierte Küche und Begegnungsräume sind groß, hell und gemütlich wie Wohnzimmer. Der Tisch ist opulent gedeckt, der Kulturkalender reich gefüllt: Morgens gibt es Babykurse für junge Eltern und Computerkurse. Mittags kommen Schüler und Ältere aus dem dörflichen Stadtteil zum frischen Mittagsmenü, das Bewohner und Freiwillige kochen. Nachmittags proben Chor- und Theatergruppen, Kinder backen und spielen. Abends trifft man sich zum Abendessen und Jazzkonzert. Im Sommer klüngeln, quatschen und werkeln Neu- und Alt-Rohrbacher im offenen Innenhof zwischen dem Haupthaus und dem modernen Holzanbau.

Natürliches Grün und selbstgebasteltes Bunt wechseln sich ab. Hier wartet das Glück darauf, abgeholt zu werden von denen, die neu hier sind, nicht allein sein wollen oder in eine Krise geraten sind. Hier helfen sich die Rohrbacher gegenseitig. Das Engagement ist beeindruckend und steckt den Besucher schnell an. Wer reinkommt, wird vereinnahmt und muss seine Lebensgeschichte erzählen. Oder hört anderen zu und gibt sein Wissen weiter. Also Achtung Gemeinschaft: offene, herzliche Menschen, einfach so, täglich 9 bis 21 Uhr.

○ Mehrgenerationenhaus Schweizer Hof, Heinrich-Fuchs-Straße 85, 69126 Heidelberg-Rohrbach, Tel. (0 62 21) 4 29 90 20, www.schweizerhof-hd.de
○ ÖPNV: S-Bahn 3, 4 und Bus 28, Haltestelle Heidelberg-Kirchheim/Rohrbach

# Thanks, it's Saturday!

**31** *Neuenheim kauft regional und bio ein*

Würde man hier nicht Kurpfälzisch und Deutsch hören, könnte das Neuenheimer Markttreiben auch in einem kleinen Pariser Stadtviertel sein. Zwischen Ladenburger Straße und Lutherstraße ist mittwochs und samstags bis 13 Uhr kleiner Welten-Treff. Bauern aus Handschuhsheim und Händler aus Nußloch verkaufen Bio-Vollkorn und Bio-Fleisch, ökologisches Gemüse, Ziegenkäse und Blumen. Laut und kraftvoll, im breiten Dialekt, fragen die Marktbeschicker: „Persching (Pfirsich) oder Traube? Dahlie oder Chrysantheme?" Die Antworten kommen auf Hochdeutsch oder mit nettem ausländischem Akzent. Elegante ältere Damen kaufen schon immer hier ein. Viele andere sind zugezogen: Professoren, Umweltexperten oder internationale Manager, zwischen 40 und 60. Adrett gekleidet in Öko-Baumwolle und Hornbrille suchen die Neuenheimer die Zutaten fürs Mittagessen aus.

Eigentlich fahren die Bewohner gern BMW, Volvo oder Mini, samstags aber kommen sie mit dem Fahrrad. Dafür gibt es gerade noch Parkfläche am schnuckeligen Marktplatz rund um die Johanniskirche aus dem 12. Jahrhundert. Jeder Meter des Kopfsteinpflasters ist vergeben. Im Meer an Schirmen und Markisen der Händler ragt allein der spätgotische Kirchturm aus rotem Sandstein hervor. Drumherum dörfliche Gassen, schiefe Giebelhäuser, Jugendstil-Villen, hohe Immobilienbüro-Dichte. An der Ladenburger Straße spendet eine Baumreihe Schatten. Darunter, auf einer der drei grünen Bänke, hat man die schönste Position als „Mäuschen", um den Gesprächen zu lauschen und dem entspannten Treiben zuzusehen. Oder man wählt eines der Cafés auf der anderen Straßenseite (Bar Centrale oder Caffé Auszeit) für den „café crème" danach aus. So eng der Neuenheimer Marktplatz ist, an die Kleinsten denkt Heidelberg auch hier: Am oberen Ende begrenzen Spielsand, Kletter-Feuerwehr und Schaukeln vor dem Bürgeramt Neuenheim den Markt. Ganz in der Nähe startet der Philosophenweg. Unterhalb laden der Neckar und seine Wiesen zum Chillen ein.

● **Neuenheimer Markt, Schulzengasse/Ladenburger Straße, 69120 Heidelberg**
**Tel. (0 62 21) 58-1 70 00 und 58-1 70 10 (Bürgeramt), www.wochenmarkt-heidelberg.de**
● **ÖPNV: Straßenbahn 5, 23 und Bus 31, Haltestelle Brückenstraße**

# Erwachsen sein? Nö!

 **32** *Schneckentempo in der Stadtbücherei Heidelberg*

Wo sonst strenge Benutzungsregeln gelten, gibt es hier apfelgrüne Polsterbänke. Die Kinder ziehen sich selbstständig die Schuhe aus, um wie zu Hause auf dem orangefarbenen Teppichboden zu schlurfen und über die Polsterschlange zu springen. Sie sind auf der Suche nach Fantastischem, Gruseligem oder Bildhaftem, finden sich am Spieletisch zusammen oder ziehen sich in eine mit Kissen ausstaffierte Lesemuschel zurück. Der meterlange Raum ist offen und hell, mit einer Galerie auf der zweiten Etage.

Die Kinderbücherei und der Jugendbereich 12+ in der Stadtbücherei Heidelberg laden zum Lümmeln ein, zum Stöbern, zum Ausruhen, zum Träumen – wie eine gute Buchhandlung, nur kostenlos (Ausweis für Kinder bis 18 und für Eltern von Unter-Siebenjährigen). Regale, die in anderen Bibliotheken gern erschlagend bis zur Decke reichen, stehen hier nur so hoch, dass man fast unter ihnen durchkrabbeln kann. Das Konzept: Selbst ist das Kind. Hier findet es ohne Hilfe, was es sucht. Oder ruft die Bibliothekarin, die ihren Schreibtisch mitten im Geschehen hat. Im hinteren Teil des Raumes durchforsten Kleinkinder bodentiefe Holzkästen mit Bilderbüchern. Ein Papp-Dino hängt über ihren Köpfen und bezaubert sie.

Hier geht keiner verloren, sondern darf sich frei bewegen. Eltern kommen mit ihren Kleinen gern in diese Oase der Ruhe und der Fantasie. Dieser Ort der Langsamkeit beruhigt sowohl junge Besucher als auch ihre Aufpasser. Sitzsäcke, kleine Tische, Kissen, Sofas unterbrechen Raum und Zeit und ermöglichen es, abzutauchen. Der beste Platz zum Chillen, Hausaufgabenmachen oder zum Quatschen mit der Freundin ist eine Etage höher. Vorsicht, nur für Jugendliche ab zwölf. Über die offene Treppe gelangen sie vom abgetrennten Jugendzimmer 12+ hoch auf die Empore. Die Fensterfront ist so hoch und tief wie der Raum. Freie Sicht und freie Gedanken, um der Straßenbahn und den geschäftigen Menschen draußen zuzuschauen oder die Regentropfen zu beobachten. Tagträume willkommen. Wer will da nicht nochmal 14 sein?

· · · · · · · · · · · · · · · · · · · · · · · · · · · · · · · · · · · · · · · · · · · · · · · · · · · · · · · · · · ·

Stadtbücherei Heidelberg, Poststraße 15, 69115 Heidelberg, Tel. (0 62 21) 5 83 61 00
www.heidelberg-stadtbuecherei.de
ÖPNV: Straßenbahn 5, 23, 21, 34, 33, 26, Haltestelle Stadtbücherei

# Ein Kuss ist Kult

**33** *Chocolaterie Knösel exportiert Studentenküsse*

Auf sechs Quadratmetern kommt die Welt zusammen. Chinesische Studenten treffen ungarische Pärchen, japanische Musikerinnen Hamburger Rentner. Alle dicht gedrängt und aufmerksam, die dekorierten und gestapelten roten Päckchen nicht zum Einsturz zu bringen. Immer dabei und für einen Schwatz zu haben, egal wie eng es ist und ob die Schlange bis auf die Gasse reicht: die auskunftsfreudigen Schwestern Liselotte und Anita Knösel. In zierlicher Statur lugen sie hinter dem Tresen hervor und unterhalten sich gern mit ihren Kunden auf Deutsch oder Englisch, über Sissis Sommerferien oder Studentenverbindungen. Die altbekannte Chocolaterie Knösel ist ein Muss beim Heidelberg-Besuch. Opa Knösel wäre stolz gewesen, wenn er seine Enkelinnen, heute selbst schon im Oma-Alter, sehen könnte: 1863 kreierte Fridolin Knösel die Taler mit „Praliné-Nougat-Chocoladen-Füllung auf feinem Waffelboden in edler Zartbitter-Couverture". Tradition verpflichtet: Hier wird Schokolade noch „Chocolade" geschrieben und „Couverture" statt „Kuvertüre".

Auf ihre Süßigkeit und die geografische Reichweite des Studentenkusses sind die Knösel-Schwestern bis heute stolz – zu ehrwürdigem Preis. Kein Schokotaler geht ohne Erklärung in die weite Welt. Der Beipackzettel erzählt entweder auf Spanisch, Koreanisch und weiteren sieben Sprachen, was es mit dem küssenden Pärchen im Scherenschnitt auf der Packung auf sich hat. Und wie schmeckt der Kuss? Für den einen kross und herb, für den anderen süß und nussig – je nachdem, wo man den Taler isst und mit wem natürlich. Michelle Obama und André Rieu haben vor Jahren und vor Ort die Schokotaler verköstigt. Im kleinen Lädchen spürt man die alten Zeiten, die man festhalten mag und fortführen will. Der Studentenkuss ist der Inbegriff der Heidelberger Romantik, for-ever. Selbst wenn das dazugehörige Café Knösel nebenan mittlerweile aus dem Familienbesitz an einen neuen Eigentümer übergegangen ist.

Auf dem Beipackzettel steht übrigens: „*Alt Heidelberg, du feine. Drei Dinge nenn ich deine: Das alte Schloss, den Neckarfluss. Und den Heidelberger Studentenkuss.*"

Chocolaterie Knösel, Haspelgasse 16, 69117 Heidelberg-Altstadt, Tel. (0 62 21) 2 23 45,
Café Knösel, Haspelgasse 20, 69117 Heidelberg, Tel. (0 62 21) 7 27 27 54
www.studentenkuss.com und www.cafeknoesel-hd.de
ÖPNV: Bus 35, Haltestelle Alte Brücke

# Den Platz nehmen

**34** *Tratschen und Toben am urwüchsigen Danteplatz*

Hier heißen die Straßen Blumen- und Schillerstraße, Kastanienbäume spenden Schatten, im Sommer sogar Palmen. Einen solchen Platz gibt es sicher in jeder Stadt, aber er wirkt wie unter einem schützenden Schirm: eine grüne städtische Oase, ein schöner Treffpunkt für Studenten, Weststädter, Touristen. Mehrstöckige Gründerzeithäuser aus rötlichem Sandstein und Villen mit Vorgärtchen, romantisch gestalteten Türen und schmuckverzierten Schnörkeln an der Hausfassade hüten den Danteplatz. Die Bänke rund um den Spielplatz oder auf der großzügigen Wiese laden ein zu Poesie und Philosophie. Vögel zwitschern. Kinder der Kita spielen an der Riesenrutsche, tollen und verstecken sich zwischen alten Bäumen. An der Schillerstraße schnurrt die Straßenbahn vorbei, ein Wohlgeräusch. Nichts stört. Hier ist das ökologisch interessierte Bürgertum zu Hause. Die Fußgänger und Fahrräder haben Vorfahrt, es ist Raum für Kind und Kegel und vor allem Grün.

Nahe der Schillerstraße, die den Platz begrenzt, ist der glücksbringende Mittelpunkt: das Boulevard Café Danteplatz. Zugegeben, der Name erinnert an große Gastronomie mit Glamour-Effekt. Das hat der Danteplatz nicht nötig. Der Weststadt-Kiosk hat sich zum Straßencafé entwickelt, schlägt Tische und Stühle draußen auf und lässt den Besucher vor großen Fenstern in den gemütlichen Stadtteil schauen. Im Winter und Frühling kann man hier auf die Sonne warten, sie im Sommer bei innerstädtischem Vogelgezwitscher, Kaffee, Schwätzchen oder Fußball-Übertragung genießen und im Herbst den Blättern beim Fallen zusehen. Versicherungsvertreter schlagen hier im Freien ihr Büro auf. Kinder holen nach der Schule schnell eine essbare Zuckerschlange. Nachbarn setzen sich auf einen Kaffee dazu. Mütter treffen sich nach der Kita mit anderen. Arbeiter genießen Pommes und Currywurst unter freiem Himmel. Männer mittleren Alters trinken ein verdientes Bier miteinander. Hier ist die Open-Air-Stammkneipe.

---

○ Boulevard-Café Schillerstraße/Danteplatz, 69115 Heidelberg-Weststadt, Tel. (0 62 21) 2 33 28
○ ÖPNV: Straßenbahn 23 und 24, Haltestelle Christuskirche

# Von Waidmännern und -frauen

**35** *Waldrestaurant „S"Kastanie im Blättermeer*

Nicht nur Jäger verirren sich gern in dieses Prachtstück im Stadtwald. Das Restaurant versteckt sich hinter Bäumen und Grün am Elisabethenweg. Oberhalb des Heidelberger Schlosses vom Schloss-Wolfsbrunnenweg tritt man auf diesen. Er führt vorbei an der „S"Kastanie, weiter im Zickzack in Richtung Königstuhl. Der Name des Wegs ist eine Hommage an Kaiserin Elisabeth von Österreich, bekannt als Sissi. Zwischen 1884 und 1890 genoss sie die Sommerfrische in Heidelberg. An Nummer 1 des Elisabethenwegs sieht man das Haus vor lauter Bäumen nicht. Ein Blättermeer aus üppiger Natur umringt die „S"Kastanie: Buchen, Douglasien, eine Kiefernart, und „Keschde", kurpfälzisch für Kastanien.

In Symbiose mit dem Wald und den Waidmännern befindet sich das Restaurant im Obergeschoss des historischen Schützenhauses von 1904. Dunkelbraune Holzvertäfelung, Hirschgeweihe und jägergrüne Fensterläden dekorieren das Gebäude. Das schönste Plätzchen und Schmankerl für Augen und Ohren ist draußen. Hier sitzt man gemütlich auf der Terrasse und lauscht in den Wald hinein. Aber auch das Interieur ist ein Hingucker: Fenster und Decken sind Kunstwerke. Alle Schützenkönige und -königinnen (ja, es gibt sie!) vom 19. Jahrhundert bis 1994 sind verewigt, entweder in wappenähnlichen Schützentafeln aus Holz an der Decke, als opulentes Gemälde an der Wand oder bunter Glaskunst in den Fenstern. Da wird das Essen zum Nebenschauplatz, aber einer der schönsten. Alle sechs Wochen wechseln die Schmankerl für den Gaumen. Auf den Teller kommt, was Natur und Jäger aus dem Odenwald vor Ort liefern: Frisches Wild, saisonale Fleisch- und Fischgerichte. Die Tische sind weiß eingedeckt und warten auf Gäste, die hier etwas Besonderes feiern wollen. Neben Hochzeiten, Muttertag oder Firmenevents kann man aber auch einfach nur das Glück in Heidelberg feiern. Hier bekommt man eine Hauptspeise der „Haute Cuisine" serviert. Frische, kreative Gerichte von der Jakobsmuschel bis zum Kalbsschnitzel. Überraschend: Zur Mittagszeit unter der Woche bekommt man ein Zwei-Gänge-Menü zu erschwinglichen Preisen.

⦿ Restaurant „S"Kastanie, Elisabethenweg 1, 69117 Heidelberg-Altstadt (Königstuhl)
Tel. (0 62 21) 7 28 03 43, www.restaurant-s-kastanie.de
⦿ ÖPNV: Bus 30, Haltestelle Schloss oder Carl-Bosch-Museum, Bergbahn, Haltestelle Schloss
(ca. 15 Minuten Fußweg)

# Spritztour auf Schienen

 *Mit der Straßenbahn durch Heidelberger Quartiere*

Lust auf eine Runde mit den Einheimischen? Steigen Sie in die Linie 23 am zentralen Bismarckplatz ein, dem Tor zur Altstadt. Setzen Sie sich auf die rechte Seite der Bahn. Los geht's über die Theodor-Heuss-Brücke nach Neuenheim. Aufmerksamkeit zur Rechten: Der Neckar, das Schloss auf der Altstadt-Seite, Villen und Philosophenweg oberhalb in Neuenheim am anderen Ufer. Gründerzeitvillen, Menschen, Läden und Preise werden exklusiver. Fahrradfahrer quetschen sich zwischen durchgehender Bebauung und Autoverkehr. Ab Haltestelle Kußmaulstraße lichten sich die Fassaden: kleine Parks, Vorgärten, ehrwürdige einzelne Villen. Dahinter geht der Himmel auf: Der bewaldete Heiligenberg erhebt sich sichtbar. Ab der Blumenthalstraße beginnt der größte Stadtteil Handschuhsheim mit 17.000 Menschen.

Steigen Sie am Hans-Thoma-Platz aus. Wenn Sie Zeit haben, besuchen Sie den Ortskern an der Tiefburg oder das anschließende Mühltal und den Heiligenberg (Bus 38). Für eine kurze Runde steigen Sie am Thoma-Platz am gegenüberliegenden Bahnsteig in die Straßenbahn 24. Zurück führt die Tour vorbei am wissenschaftlichen Heidelberg mit Uni-Campus, Technologiepark und Krebsforschungszentrum. Halten Sie sich an der Jahnstraße bereit für den Lieblingsblick auf den Neckar über die Ernst-Walz-Brücke.

**TIPP** Eine Rundfahrt auf dem Königstuhl kann man mit Bus 39 unternehmen.

Links am Ufer die Neckarwiesen, voraus liegt das quirlige Multikulti-Bergheim. Die Bahn gibt ab Betriebshof noch einen kurzen Ausblick auf die komplett neu gebaute Bahnstadt im Hintergrund. Nach dem unästhetischen Hauptbahnhof wird es ab dem Römerkreis Süd in der Weststadt wieder schnuckeliger, grüner, blumiger. Grüne Oasen an der Christuskirche und Danteplatz frischen die Augen auf. Ab dem S-Bahnhof-Süd-/Weststadt dominieren rechts Einfamilienhäuser und umgebaute ehemalige US-Army-Barracks, links der bewaldete Gaisberg mit Bergfriedhof. An der Haltestelle beim dörflichen Rohrbach Markt ist die Rundfahrt beendet. Sie steigen gegenüber wieder in die Linie 23 ein und fahren zurück zum Ausgangspunkt Bismarckplatz.

● Bismarckplatz, 69115 Heidelberg-Altstadt
● ÖPNV: Straßenbahn 23 vom Bismarckplatz in Richtung Handschuhsheim Nord, Straßenbahn 24 ab Hans-Thoma-Platz bis Rohrbach-Markt, dann mit 23 zurück zum Bismarckplatz

# Heilig oder Heide?

## 37 Heiligenberg: Hoch steigen und tief fallen

Viele natürliche Waldwege schlängeln sich über die etwa drei Kilometer von der Altstadt oder von der Handschuhsheimer Tiefburg oder aber 1,7 Kilometer vom Oberen Philosophenweg bergauf zum Heiligenberg. Fußfaule lassen sich mit dem Bus auf 200 Meter über null karren oder fahren mit dem Auto bis zum Parkplatz an der Waldschenke. Fest steht, dieser Odenwald-Berg ist mystisch, verzaubert und macht größenwahnsinnig. Man möchte am liebsten „Ich bin der König der Welt" schreien, weil sich hier so viel Geschichte auf einmal ansammelt.

Auf einem Rundweg von der Thingstätte kommt man an einem keltischen inneren Ringwall vorbei, der 400 vor Christi befestigt wurde. Mystische Stein-auf-Stein-Konstruktionen zollen den alten Funden Respekt. Hoch gewachsene Bäume beschützen den historischen Berg, der auf 440 Metern Höhe etwas tiefer im Wald einige rötliche Mauerreste des Michaelsklosters aus dem Mittelalter freilegt. 1503 stürzte ein Turm ein und begrub die letzten Mönche. Die Ruine, die man besichtigen kann, berührt den Besucher zu jeder Jahreszeit emotional oder animiert zum Klettern. In den 70er-Jahren wurde sie gesichert und restauriert.

**TIPP**

Öffnungszeiten Michaelskloster:
April bis September, Dienstag bis Sonntag von 8 bis 19 Uhr, sonst 8 bis 16 Uhr.

Nach so viel Bewegung hat man sich eine Stärkung verdient. Mit der dunklen Dachvertäfelung und dem Holzzaun passt die Waldschenke ins Konzept von Spuk auf dem Heiligenberg, den es der Legende zufolge geben soll: Hexentanz und Mönchsmord. Die rot-weiß-karierten Decken auf den Biertischen, frische Forelle aus dem Bärenbach und Wildschwein beruhigen das Gemüt. Der Höhepunkt der Denkmäler am Heiligenberg kommt bei der Vorderkuppe an der ersten Serpentine hinunter ins Tal: Der hübsche Aussichtsturm des Stephansklosters aus dem 19. Jahrhundert türmt sich 375 Meter vor einer Schneise auf. Von oben kann man wie durch eine Linse abgetrennt Altstadt, Schloss, Bergbahn und Königstuhl sehen. Daneben geht eine 55 Meter tiefe Zisterne in den Untergrund, das Heidenloch.

● Michaelskloster, Stephanskloster und Heidenloch, 69121 Heidelberg-Heiligenberg, Waldschenke, Auf dem Heiligenberg 1, 69121 Heidelberg, Telefon (0 62 21) 4 38 56 49
www.heidelberg-marketing.de, www.waldschenke-heidelberg.de
● ÖPNV: Bus 38, Haltestelle Heiligenberg

80

# Die beißen nicht!

**38** *Terrarium für Kriechtiere: Restaurant Krokodil*

Ein Krokodil kommt selten allein. Im Restaurant in der Weststadt kommen fast 40 Kriechtiere zusammen. Zum Glück kriechen sie nicht mehr, sondern tun es den Restaurant-Besuchern gleich – sie faulenzen. Nicht auf den dunkelbraunen Holzstühlen, sondern an den weißen Wänden über der opalgrünen, schnörkellosen Holzvertäfelung. Bunt, einfarbig oder in Trikolore, als Mosaik, aus Moosgummi, Keramik, Holz, Papier oder einst essbaren Haribo-Schnullern – die Vielfalt der Krokodile ist grenzenlos.

Eine Abschlussklasse des Kunst-Leistungskurses erarbeitete vor Jahren diese abstrakte Kunst. Zwei der tierischen Exemplare über der Bar sind übrigens echt. Sie stammen aus den 1940er Jahren vom Nil. Welche könnten es sein? Die Lösung verrät das menschenfreundliche Personal mit Faible für exotische Tiere. Krokodilfleisch gibt es hier glücklicherweise nicht, dafür aber Fleischgerichte von heimischen Hähnchen, Schweinen oder Rindern – als Steak, Ragout, Medaillon oder Grillteller zu guten Preisen, die die Weststädter oder Mittagsgäste lieben. Bei 20 Gerichten, auch vegetarisch, Flammkuchen und Kleinigkeiten, fällt die Auswahl schwer. Wiener Schnitzel oder Hamburger sind die Leibspeisen der Gäste. Montags ist Schnitzeltag. Als Dessert ist die hausgemachte Creme Caramel zu empfehlen. Oder doch lieber Tiramisu, Panna Cotta oder Kaiserschmarrn? Am Wochenende gibt's im Krokodil bis mittags acht Frühstücksvarianten, jeweils mit Heißgetränk oder Prosecco.

Die Einrichtung, klassisch schön und unaufgeregt, strahlt Helligkeit, Klarheit und Wärme aus. Apropos Wärme: Ein Kachelofen aus den 50er Jahren ist ein Hingucker im historischen Lokal. Heute spendet er dem Restaurant nur Herzenswärme, die seit 1919 in der ehemaligen Weinstube im Eckhaus von 1898 in der Luft liegt. Wer an der Bar versackt oder vom Essen müde ist, kann auf eine Krokodilslänge einfach nach oben ins gleichnamige Hotel.

........................................................

**Restaurant Krokodil, Kleinschmidtstraße 12, 69115 Heidelberg-Weststadt,**
**Tel. (0 62 21) 73 92 97-77, www.restaurant-krokodil.de**
**ÖPNV: Straßenbahn 23, 24, Haltestelle Römerkreis Süd**

# Spielplatz für die Eidechse

 **39** *Natur zwischen Südstadt und Bahnstadt*

Die Bahnstadt. Berühmt wie berüchtigt. Das neue Quartier auf dem Gelände des alten Güterbahnhofs gehört den neuen Wohlhabenden, Familien, Singles, Investoren. Doch weitere Bewohnergruppen sind nicht zu vergessen: Auch Zauneidechsen, Laufkäfer, Heuschrecken, Steinhummeln und Schmetterlinge wohnen hier. Sie waren sogar die ersten. Umso glücklicher macht es den naturbedachten Heidelberger, dass Ende 2010 ein Stück des alten Güterbahnhofs für Flora und Fauna als Wohnraum belassen wurde, warm und trocken, so wie Königskerze, Katzenminze, Ochsenzunge und Mauerpfeffer, Eidechse & Co. das mögen.

Von der Rohrbacher Straße (fast am S-Bahnhof Heidelberg-Weststadt/Südstadt) geht die Liebermannstraße, mal asphaltiert, mal auf Schotter, querfeldein über die Römerstraße hinweg, vorbei am Skate Park Heidelberg, über eine Brücke und den Kirchheimer Weg in Richtung Stadttor Ost, wo die nächste Fahrradbrücke über die Speyerer Straße bis in die neu bebaute Bahnstadt führt. Auf der 1,5 Kilometer langen Strecke für leise Verkehrsteilnehmer läuft ein steiniger, staubiger, buschiger Seitenstreifen mit – eine Art Tier-Spielplatz. Relikte aus Güterbahnhof-Zeiten wie verlassene Gleise, Drahtschotterkörbe und Steinriegel geben den Kriechtieren und Insekten Obhut und Versteck, um sich anzusiedeln und den Nachwuchs zu versorgen. Baumgruppen und Gebüsche bewahren heimische Vogelarten in der Stadt.

**TIPP** *Ein neues Südstadt-Quartier entsteht auf den Konversionsflächen an der Rhein- und Römerstraße.*

Für Radfahrer, Spaziergänger und Jogger ist die Traverse eine Wonne: Mitten in der Stadt gibt es ein natürliches Biotop, Erholung und Freiraum. Ein Tête-à-tête mit den tierischen Nachbarn. Man setze sich auf einen der zurechtgerückten Baumstämme in die Sonne oder den Regen, lausche dem Säuseln der Natur oder schaue den trockenheitsliebenden Pflanzen beim Wachsen und den Eidechsen beim Spielen zu. Hier gibt es nichts zu kaufen und nichts zu essen. Einfach hören, riechen und beobachten, was Heidelberg aus der Industrienutzung zurückerobert hat.

- Radweg von Liebermannstraße bis Speyerer Straße, 69126 Heidelberg-Südstadt
- ÖPNV: S1, 2, 3, 4, 5, 51 und Straßenbahn 23, 24, 29, Haltestelle Heidelberg-Weststadt/Südstadt

# Lolli, my love

 *Wo immer Kindergeburtstag ist: Bonbonmanufaktur*

Kinder wie Erwachsene kleben von außen an der Fensterscheibe wie Kaugummi. Dahinter befindet sich das geordnete Schlaraffenland für Leckermäulchen und Naschkatzen mitten in Heidelbergs berühmter Steingasse. Es duftet nach ... warte ... Karamell. Nein, Himbeer. Oder Thymian? Die Geruchsrezeptoren jeder Nase, die hier reinschnuppert, sind überlastet und wühlen alte Gefühle und Erlebnisse aus Kindertagen hervor. Auch das Auge fühlt sich in die Kindheit versetzt: Erdbeerrot, Limettengrün, Meeresblau und Sonnengelb locken Lollis und Bonbons kleine und große Menschen von nah und fern hinein in das moderne Haus – ohne Hexe. Fein säuberlich liegen die selbstgemachten Süßigkeiten aus natürlichen Farb- und Aromastoffen in den Regalen der Bonbonmanufaktur.

Auf der linken Seite wird präsentiert, auf der rechten hergestellt. Zuschauer sind willkommen, wenn die Bonbonmacher an Ort und Stelle Zucker köcheln, lange Zuckerschlangen rollen, drehen und über den Knethaken an der Wand in Länge und Form ziehen. Daraus werden kleine Bonbons geschnitten oder Lollis gegossen. Übrigens kann jeder für einige Stunden Bonbonmacher sein: Samstags machen die Profis Platz für Mitmach-Kindergeburtstag und Junggesellinnenabschied. Wie die kindliche Fantasie experimentiert die Bonbonmanufaktur seit vier Jahren stetig mit den Geschmacksrichtungen.

Das Sortiment kommt dem wechselnden Appetit der Bonbonfans zuvor, in limitierter Edition: Im Sommer gibt es Quitte, Landpartie oder BBQ-Line in Bonbonform. Mehr Geschmacksexplosion? Zur Weinlese hat das Lädchen Cabernet-Bonbons im Angebot. Und zu Halloween weder Süßes noch Saures, sondern Salami-Knoblauch-Lollis. Kinder lassen sich vom Sichtbaren begeistern. Sie lieben die Zahlenlollis und entdecken blitzschnell ihr Alter als Ziffer. Oder stürzen sich auf Darth Vader und Einhorn, deren Köpfe die Bonbonmanufaktur in Lolliform presst. Nicht ohne (m)einen Lolli, betteln sie. Na gut. Aber nur, wenn die Eltern auch was haben dürfen. Und alle sind glücklich.

• • • • • • • • • • • • • • • • • • • • • • • • • • • • • • • • • • • • • • • • • •

◉ **Heidelberger Bonbon Manufaktur, Steingasse 4, 69117 Heidelberg-Altstadt,**
**Tel. (0 62 21) 7 35 25 61, www.heidelbonbon.de**
◉ **ÖPNV: Bus 35, Haltestelle Alte Brücke**

# App durch die Altstadt

**41** *Digitale Schnitzeljagd mit City&Quest*

Für alle, die von Stadtführern gelangweilt sind, oder die meinen, Heidelbergs Altstadt zu kennen, hat sich die Historikerin Nadja Pentzlin etwas Besonderes einfallen lassen: 2017 hat sie die City&Quest-Tour entwickelt, eine GPS-gesteuerte und zeitlich unabhängige Stadttour und Schnitzeljagd durch die Altstadt. Damit lockt sie Spiel- und Technikfreunde sowie Digital Natives beim Wort „Stadtrundgang" vom Sofa hoch und führt sie zu Glück und Wissen, das sich auf in den Winkeln der Altstadt versteckt.

Los geht die Tour ganz analog im Hostel Lotte direkt neben der Talstation der Bergbahn. Denn: Nach der City&Quest-Buchung erhalten die Mitspieler (gegen Gebühr sowie Pfand) eine pinke Tasche mit Rätselutensilien an der Rezeption des chilligen Hostels von Carmen Schmid, in dem Europabummler so gerne Unterschlupf finden. Mit einem Klick auf dem Handy hat man die App Actionbound heruntergeladen. GPS-Pfeil und Entfernungsangabe auf dem Smartphone leiten die Rätselfreunde zur ersten Station an der Heiliggeistkirche. Die erste Aufgabe ist an der Fassade versteckt, die Rätselmappe gibt Hinweise. Die Lösung gibt man bequem in die Felder der App ein. Wer richtig kombiniert, liest, sieht, rechnet, singt oder schätzt, kommt voran – mit jeweils 200 Punkten an jeder der 12 Stationen zwischen Universität, Neckar und Karlstor. Um die Quiz-Stationen zu bestehen, hat man auf dem 3 Kilometer langen Weg Zollstock, Taschenlampe, Kette, Messeranhänger und Drehscheibe im Gepäck der City&Quest-Tasche. Wofür man dieses Rüstzeug wohl brauchen wird?

Ob als Gruppenevent, Betriebsausflug, zum Familienwochenende oder internationaler Studienstart in Heidelberg – am besten geeignet ist die Tour für 2 bis 6 Personen. Größere Gruppen können sich in 2 Einheiten aufteilen und in umgekehrter Reihenfolge voranrätseln – und immer zwischendurch pausieren.

● City&Quest Heidelberg, Buchung über https://cityquest-tour.de/cityquest-hd-de
Verleihstation im Hostel Lotte, Burgweg 3, 69117 Heidelberg-Altstadt, Tel. (0 62 21) 7 35 07 25
www.lotte-heidelberg.de
● ÖPNV: S-Bahn 1, 2, 5, Haltestelle Altstadt, Bus 33, Haltestelle Rathaus Bergbahn

# Freispiel und Feldhase

## 42 *Pioniergeister in der neuen Bahnstadt*

Die Großen haben seit 2009 eine echt schicke, schwarz verglaste Passivhaus-Feuerwache am Baumschulenweg. Doch die Kleinen stehen nicht nach: Sie haben eine eigene Feuerwehr auf Sand neben der Schwetzinger Terrasse. So bestimmen die kleinen Zugführer und Einsatzleiter selbst, wann Alarm ist und wer wann aus den Bullaugen-Lampen des Feuerwehrfahrzeuges kriechen darf. Der rote Hingucker-Einsatzleiterwagen ist ein Kindermagnet. Verstecken, klettern, schreien. Gern! Im jüngsten Heidelberger Quartier, der Bahnstadt, kein Problem.

Hier ist Raum für Auslauf und Freudensprünge. Die Eltern chillen auf einer Bank in der Sonne, schauen gedankenverloren auf die Felder in Richtung Pfaffengrund im Osten, bewundern schon fertige Passivhäuser und dachbegrünte Wohnblocks. Kein Stress, kein Stau, kein Tourist. Stattdessen Freiheit, Frischluft, Feldhase. Fahrradwege, Promenade, E-Ladestationen sind angelegt. Straßenbahn 22 fährt auf der Grünen Meile, Kita und Grundschule sind eröffnet. Fontänen sprühen frisches Wasser – und die Bahnstadt vor neuer Energieeffizienz. Luxor Filmpalast, Supermärkte, Restaurants und kleine Shops und Dienstleister haben den Betrieb aufgenommen. Bis 2022 sollen 5.500 Einwohner und 7.500 Beschäftigte hier leben und arbeiten.

**TIPP** Die Halle 02 im Zollhofgarten holt Kultur, Party und Club-Abende in die Bahnstadt. www.halle02.de

Manche Alt-Heidelberger bescheinigen der Bahnstadt horrende Preise und fehlende Seele. Doch die Progressiven, Modernen und Familien zelebrieren Neuanfang und Gründerspirit. Der am weitesten fortgeschrittene Bereich ist die Grünfläche am Zollhofgarten und den Güterhallen. An Sommernachmittagen spendet die Häuserreihe Schatten und der Eisladen Gelato Go italienische Seele: Man ist unter sich, schleckt auf Bänken, an blumig dekorierten Tischen oder direkt auf der Wiese die beste Sorte Karamell Fleur de Sel! Pur der Geschmack, ein Juhu für jeden Kunden, der reinkommt. Noch fühlt es sich an wie die Ruhe vor dem Sturm. Noch sind die Bäume klein, die Straßen staubig, die Kräne hoch. Wie der letzte Zeuge des ehemaligen Rangierbahnhofs bewacht und beschützt der alte Wasserturm das Areal und seine Leute.

○ Spielplatz „Feuerwehr" (Langer Anger Ecke Einsteinstraße); Gelato Go, Nightingalestraße 1 (Ecke Zollhofgarten), 69115 Heidelberg-Bahnstadt, www.gelatogo.de
○ ÖPNV: Bus 33, Haltestelle Heidelberg Hauptbahnhof Süd oder Straßenbahn 22, Haltestelle Gadamerplatz (ca. 5 Minuten Fußweg)

# Sehnsucht nach Blau

**43** *Blue Sense – Passion for Lisbon*

„A vida é bela!" Das ist Portugiesisch und heißt „Das Leben ist schön".
Den Beweis dafür liefert das Blue Sense – Passion for Lisbon. An diesem
Sehnsuchtsort weht einem immer eine Brise Atlantikurlaub um die Nase.
Man will so lang wie möglich hier bleiben. Manche probieren dafür
Kleider an, andere stöbern und flanieren wie im Museum, wieder andere
setzen sich in den Sessel und starren die Wand an. Aber keine gewöhn-
liche Wand. Schon im Schaufenster des Ladens in der Theaterstraße,
einer lohnenswerten Seitenstraße zur Hauptstraße, kauft das Auge mit.
Die Steinrahmen der großen Fenster sind von außen mit ornamentalem
Schmuck verziert. Die Blautöne innen an den Wänden kühlen, wenn es
draußen hitzig ist, und beruhigen, wenn es herbstlich stürmt oder win-
tergrau bedrückt. Links, im weiblichen Teil, dominiert Türkisblau. Eine
Reihe blumiger Azulejos, die quadratischen kleinen Keramikfliesen, umrandet den Spiegel. Rechts, im männlichen Teil des Ladens, regiert ein
tiefes Meeresblau, unterbrochen von tausend gemusterten Azulejos. Die
hohen Decken, die natürlichen Dielen, das sorgfältig ausgewählte und
geordnete Sortiment schaffen Raum zum Durchatmen und Eintauchen,
bis der Kunde fröhlich wie ein Fisch wird.
Die kreative Inhaberin hat seit 2014 entdeckt, dass Menschen ihre Leidenschaft für Schönes und Handgemachtes aus Lissabon teilen. Fische
in allen Formen, Farben und Facetten sind Symbol der Sehnsucht. Sie
zieren Keramikteller, Schälchen und Gläser, sind Deko-Element für Zuhause und Inhalt von extravagant gestalteten Sardinenbüchsen. Olivenöle,
Vinho verde und andere portugiesische Weine bedienen die lechzenden
Geschmacksnerven. Um die Delikatessen herum hängen Kleider im läs-
sig-eleganten Stil voller Farbenfreude. Sonnengelbe und pastellfarbene
bequeme Stoffe zaubern die schönste Jahreszeit in die Herzen der Besucher. Jacken, Hosen, Hemden, Röcke, dazu die passenden Schals und
Schuhe – alles ist aufeinander abgestimmt. Frau und Mann können sich
hier komplett einkleiden, weit weg vom deutschen schwarzen Kleid und
Karo-Hemd.

---

Blue Sense – Passion for Lisbon, Theaterstraße 2 a, 69117 Heidelberg, Tel. (0 62 21) 6 56 71 70
www.bluesense.me
ÖPNV: Bus 31, 32, Haltestelle Universitätsplatz

# Kein Löwe und ein Handschuh

 **44** *Rund um die Handschuhsheimer Tiefburg*

Am Fuße des Heiligenbergs hat das Glück Bestand. Seit dem Jahr 765. Ganz wichtig zu wissen, wenn man einem alteingesessenen Bewohner von Handschuhsheim begegnet: Der dörfliche Stadtteil ist älter als Heidelberg, darauf sind die echten „Hendsemer" (Handschuhsheimer) stolz. Dürfen sie auch, mit 17.000 Bewohnern sind sie die meisten Heidelberger. Hier ist der kurpfälzische Dialekt breiter als in ganz Heidelberg – wird gehegt und gepflegt. Ein Vorgeschmack: „Hendesse" heißt Handschuhsheim, „Buuwe und Meedle" sind Jungs und Mädchen.

Ein so ehrwürdiger Ort hat natürlich auch seine eigene Adelsgeschichte: Hier herrschten um 1200 die „Herren von Handschuhsheim", heute noch sichtbar im eigenen Wappen mit – Überraschung – einem silbernen, rot gefütterten Handschuh auf blauem Grund. Außerdem steht, fast zu übersehen, seit dem 17. und 18. Jahrhundert ein Schlösschen am Eingang des entspannenden Graham-Parks. Trotz der langen Geschichte ist das Stadtviertel alles andere als verstaubt. Kerwe (Kirchweih), Kunstausstellung „Hensemer Art", Weihnachtsmarkt – gefeiert wird rund ums Jahr, am schönsten vor der Tiefburg oder in ihrem Burghof, dem romantischen Mittelpunkt des Ortes.

Die mittelalterliche Wasserburg ist eine trockengelegte Ruine (typisch Heidelberg), die man vom Vorplatz über den Mauerrand erblickt. Ob im Sommer unter Bäumen und roten Schirmen oder im Winter auf den Bänken: Jedermann hat hier einen kostenlosen Sitzplatz in der ersten Reihe. Man fühlt sich Jahrhunderte zurückversetzt in Zeiten von Ritter und Edelfrauen. Wie in Schillers Ballade könnten unten im zwölf Meter breiten, grünen Graben der Tiefburg Löwe, Tiger und Leopard auf Futter oder einen Handschuh warten. Die Realität ist eher vegetarisch, wenn Mooslandschaften die Burgmauern überwuchern, und vor allem gemütlich beschaulich, wenn am Samstagvormittag Bauern Gemüse auf dem Wochenmarkt verkaufen. Wer Geduld hat, passt einen Glücksmoment ab und sieht die Burg von innen: Vorangemeldet zu einer Führung, jeden ersten und dritten Sonntag im Monat oder wenn Hendesse Feste feiert.

· · · · · · · · · · · · · · · · · · · · · · · · · · · · · · · · · · · · · · · · · ·

**▶ Tiefburg, Sitz des Stadtteilvereins, Dossenheimer Landstraße 6, 69121 Heidelberg-Handschuhsheim,**
**Tel. (0 62 21) 40 95 84 oder 47 39 00, www.tiefburg.de**
**▶ ÖPNV: Bus 38, Haltestelle Tiefburg oder Straßenbahn 5, 23, 24, 25, Haltestelle Hans-Thoma-Platz**
**(ca. 5 Minuten Fußweg)**

 94

# Im Fluss – am Fluss

**45** *Neckarorte vom Iqbal-Ufer bis Neckarstaden*

Wasser hat seit Urzeiten eine anziehende Wirkung auf Menschen. Früher versprach es Leben und Wirtschaft. Das ist in Heidelberg seit einigen hundert Jahren gegeben, sicher auch aufgrund der Lage am Neckar. Doch bis September 2016 war der Neckar nur dem romantischen Sehnsuchtsblick von weitem und den Schiffen vorbehalten. Die Städter aber wollen ihren „Neckar" fühlen: Hautkontakt statt Blickkontakt, im Fluss baden, direkt neben ihm chillen, trinken, musizieren, feiern und Sport treiben. Also los, Heidelberger (und Touristen), ran an den Fluss!

Die Bürgerbewegung mit dem Verein Neckarorte und einigen Sponsoren gibt dem Fluss die Menschenwärme zurück: Vom Anbaden zum Abbauen, vom Sonnengruß zum Sonnenuntergang. Am Iqbal-Ufer in Bergheim läuten die 60 härtesten Heidelberger im Februar (ja, im Februar!) die Badesaison ein. Ein gut organisiertes Vorher-Nachher-wärmendes-Happening bei vier Grad Außentemperatur. Ganzjährig laden von Architekten installierte Hütchen und gestapelte Euro-Paletten am Iqbal-Uferweg zum individuellen Entspannen ein, von Juli bis September mit

**TIPP** Immer der Nase nach zum Duft des Espresso-Bikes, das die Neckarorte gern aufweckt. www.dasespressobike.de

gelb leuchtender Containerbar und Kulturprogramm, teils auf einer schwimmenden Insel. Ein paar hundert Meter weiter gegen die Fließrichtung zieht der Neckarstrand Einheimische und Besucher, Junge und Alte, Leute mit oder ohne Getränk, mit oder ohne Alkohol, barfuß oder in Badelatschen an.

Wie in Hamburg, Basel oder Berlin werden im Juli 26 Tonnen Sand an den schmalen Streifen unterhalb der Neckarstaden neben den Schiffsanleger gekarrt, Bretterdielen und einfache Holzsitze gebaut und Sonnensegel aufgezogen – fertig ist die Neckarlounge. Man reist mit den vorbeifahrenden Schiffen oder schaut auf den Fluss, kommt in Aktion oder zur Ruhe, taucht die Fußzehen neben den glitschigen Steinen in den erfrischenden Neckar. Die Öffnungszeiten der Strandbar bis zirka Oktober variieren je nach Wetterlage. Immer den Augen nach zum schwarzen Logo mit Fluss.

Neckarorte am Iqbal-Ufer, parallel zur Schurmannstraße, 69115 Heidelberg-Bergheim und Neckarstrand/Neckarlounge unterhalb der Neckarstaden, 69117 Heidelberg-Altstadt
http://neckarorte-heidelberg.de

ÖPNV: Zum Iqbal-Ufer Straßenbahn 5, 23, 21, 22, 26, 9 und Bus 31, 33, 34, 39, 32, 35, 39, 29, Haltestelle Bismarckplatz; am Neckarstrand Bus 31, 32, 35, Haltestelle Kongresshaus

# Nicht nur Jungssache

 **46** *Cool shoppen im Freudenhaus an der Plöck*

Freudenhaus? Ist das Ihr Ernst? Ja, denn Kunden und Personal sind hier besonders nett. Das Freudenhaus war mal was für sportliche Jungs von der Straße, heute ist es offen für alle Bewohner, Geschlechter und jedes Alter. Einmal im Jahr muss es sein: Männer brauchen neue Kleidung. Die, die weder Bock auf Shopping haben noch wie ihre Väter aussehen wollen, sind im Freudenhaus bestens beraten. Inhaber Michael, ein lässiger Kumpeltyp, und die aufmerksamen Mitarbeiterinnen erkennen schon beim Reinkommen, ob der Junge eher der Sportler- oder der Dandy-Typ ist. Michael kennt den Kleiderschrank manchmal besser als seine Kunden selbst. Mann bekommt hier die Komplett-Kombi – Körperbekleidung von Kopf bis Fuß und Handgelenk bis Rücken. Sprich: Das Freudenhaus verkauft von Jeans und Polo-Shirts über hochwertige Uhren bis zum urbanen Rucksack ein Paket. Die Marken, wie das trendige Global-Citizen-Label Kapten & Son oder die Bio-Jeans von Armedangels, sind aus Deutschland, Großbritannien und Skandinavien.

Die Warenauswahl im Laden ist mit den Kunden mitgewachsen: Waren sie früher Skater in Urban Wear, sind sie heute zwischen 40 und 60, immer noch mit Hang zu coolen Stoffen und Outfits. Der Laden im Altbau der Plöck ist gediegen eingerichtet, Holzdielen auf dem Boden, verzweigter Rundgang. Jeans stapeln sich akkurat bis zur Decke. Gürtel und Rucksäcke von Sandqvist präsentieren sich an der Wand. Ein dunkelgrüner Dandy-Sessel steht vor dem Glasschrank mit Uhren, Brillen und hochwertigen Accessoires. Toller Nebeneffekt: Es gibt auch Bekleidung für die Begleitung. Große Mädchen und coole Frauen finden hier die passende Jeans, nachhaltige Kleider und Jacken und sparen sich den extra Einkaufsbummel. Das wird noch getoppt von den coolen Häschen- und Bären-Prints, die für den Nachwuchs der modebewussten Eltern bereithängen. Die Kollektion „Unter Freunden" hat eine Freundin von Michael designt.

**TIPP** Echt Plöck. Das Freudenhaus ist nur der Beginn einer langen Straße voller individueller Läden.

---

▶ Freudenhaus, Plöck 7, 69117 Heidelberg-Altstadt, Tel. (0 62 11) 6 66 60
www.freudenhaus-hd.de
▶ ÖPNV: Straßenbahn 5, 23, 21, 22, 26, 9 und Bus 31, 33, 34, 39, 32, 35, 39, 29,
Haltestelle Bismarckplatz

# Mit Leib und Soulfood

**47** *Veganes Bistro Alge in der Bahnstadt*

So eng wie die Altstadt, so eng sind auch die Plätze und Restaurants dort. Im Gegensatz dazu empfängt der Gadamerplatz in der Bahnstadt Anwohner und Gäste großzügig mit viel Platz zum Spielen, Sitzen, Leben und Lernen. Zentral vereint der Gebäudekomplex B³ ein Bildungs-, Betreuungs- und Bürgerhaus, wo Kita- und Schulkinder sowie Bahnstädter ein- und ausgehen. Passend zum nachhaltigen Baustil und nahe der „Grünen Meile" ist an der unscheinbaren Ecke im Erdgeschoss auch das kulinarische Glück eingezogen: die Alge. Das Bistro kommt äußerlich unscheinbar wie die Alge in der Natur daher. Dafür ist ihr Gehalt und Innenleben umso großartiger.

Seit 2018 versorgt das Team rund um Anke Heines Nachbarn sowie Heidelberger aus anderen Stadtteilen und Gäste von außerhalb mit einer saisonalen, regionalen und veganen Speisekarte. Das Bistro ist Teil einer in Deutschland und Europa wachsenden, veganen Initiative. Am Heidelberger Standort arbeiten Inhaberin, Köche und Servicepersonal, alle selbst Veganer oder Vegetarier, nach dem Alge-Ehrenkodex. Sie bringen frische Speisen auf die Teller, frei von Zucker, Tofu, Zusatzstoffen und Geschmacksverstärkern. Was nüchtern klingt, riecht und schmeckt nach Frühling, Sommer, Herbst und Winter. So genießt man hier sommerlichen Fenchel-Gurken-Salat mit Sesam-Vinaigrette, Grillgemüse, frittierte Kartoffelbällchen und am Nachmittag eine Torte mit Beeren vom Bauern nebenan. Oder aber Buchweizen-Galette mit herbstlichem Schmorgemüse. Oder leckere Pfannkuchen mit Smoothie-Bowl zum monatlichen Brunch. Wen all das nicht überzeugt, der bekommt täglich ein Rohkost-Hauptbericht.

**TIPP** Mit den Gutscheinen von www.heidelblock.de kann man günstiger essen und einkaufen und unterstützt ein Photovoltaik-Projekt.

Ebenfalls großartig: Die Öffnungszeiten reichen vom Frühstück bis zum späten Abendessen. Das Auge isst mit, die Seele fühlt sich im schön designten Interieur und im Sommer auf der Außenterrasse sehr wohl. Wer bei 38 Grad draußen die Hitzewelle spürt, kommt im Alge-Bistro dank Passivhaus-Kühlung zum gewünschten Cool Down.

⊙ **Alge Heidelberg, Gadamerplatz 1, 69115 Heidelberg-Bahnstadt, Tel. (0 62 21) 9 06 99 90**
**https://alge.de/heidelberg**
⊙ **ÖPNV: Straßenbahn 22 und 26, Haltestelle Gadamerplatz**

# Flugfaul und gefräßig

**48** *Elefantenrunde und Storchenpark im Zoo*

Die Natur überrascht immer wieder. Hier sind die Löwen lahm und die Störche schnell. Die großen Vögel haben sich in den Zoo geschmuggelt, als freie Exemplare in den Nestern über den Gehegen. Die über 20 Störche fliegen manchmal gar nicht mehr in den Süden, sondern im Zoo ihre Paraden, freiwillig. Warum auch nicht? Heidelberg ist bei wenig Frost angenehm mild, und es gibt geregelte Essenszeiten bei Tierkollegen. Da haben die Robben bei ihren Dressurfiguren fast das Nachsehen.

Der schönste Platz, um nach oben zu den Störchen zu spähen, ist am Unterstand mit Picknickbänken kurz vor dem Elefantengehege. Frische Hackschnitzel am Boden, immergrüne Büsche daneben, Efeu rankt an den Pfählen hinauf. Auf einer Gemeinschaftswaage kann man sich öffentlich sichtbar wiegen oder den eigenen Fußabdruck mit dem eines Elefanten im Boden vergleichen. Parallel hört man die Elefanten posaunen. Draußen vor der Elefanten-WG aus drei Jungbullen, dem ersten Experiment seiner Art, zeigt ein Acht-Tonnen-Überseecontainer Cartoons und Fotos, wie 2009 ein Drei-Tonnen-Elefant darin von Zoo zu Zoo transportiert wurde. Das beeindruckt vor allem die Kinder.

**TIPP** Im Zoo-Eintritt ist der Zutritt zur „Explo Heidelberg" enthalten mit mehr Naturkunde für Kinder.

Das Trio ist gerade nicht im Außengelände, sondern drinnen. Das Elefantenhaus ist der Wohlfühlplatz bei schlechtem Wetter. Hier kann man eine Stunde verbringen und kommt den schweren Jungs ganz nah, unten am Boden und oben vom Ausguck. Sie geben sich sanft.

Khin Yadanar Min, Jahrgang 2009 und geburtsmäßig ein Kölsche Jung, zupft mit seinem Rüssel wie mit einem Staubsauger so viele leckere Strohhalme wie möglich aus dem Heunetz in fünf Meter Höhe. Obwohl die Elefantenjungs asiatischen Ursprungs sind, hat weder Ghandi aus Kopenhagen, noch Tarak aus Hannover, noch Ludwig aus München je den Kontinent seiner Vorfahren gesehen. Man denkt über ihre Geschichte nach, geht euphorisch weiter zu den artistischen Robben und der beruhigenden, abgelegenen Ecke der Waschbären mit schönem Balancier-Parcours.

▶ **Zoo Heidelberg, Tiergartenstraße 3, 69120 Heidelberg-Neuenheim, Tel. (0 62 21) 64 55-0**
**www.zoo-heidelberg.de**
▶ **ÖPNV: Bus 31, 32, Haltestelle Zoo**

# Wo der Pfeffer wächst

**49** *Exotisches aus aller Welt in der L'Epicerie*

„Estachel" steht am Eisengitter. Geschmackvoll und verborgen öffnet sich dahinter ein dornröschenverwunschener Innenhof an der Hauptstraße. Wie in einem französischen Dörfchen verzaubern Blumen, ein alter Brunnen, die bewachsene Fassade und weinrote Markisen an zwei Fenstern den Besucher. Hier sind Gourmets, Weltenbürger und Feingeister richtig, die ein Geschenk aus aller Welt suchen oder sich selbst beschenken wollen. Vor den zwei gegenüberliegenden Türen der „Epicerie" fragt man sich: Links oder rechts? Immer dem Duft nach, lautet die Empfehlung. Der süße Typ nach rechts, der pikante nach links.

Madame Magali Soulié, eine Französin natürlich, hat hier zwei aufgeräumte Stöberräume geschaffen. Kostenlos gibt sie etwas Nachhilfe in Französisch, wenn man mit den Accents im Namen „épicerie" nicht klarkommt, was so viel wie Delikatessenlädchen bedeutet. Die süße Seele findet Mini-Trüffel und Petit Fours in der Frische-Theke, Salz-Karamell „au beurre" und Lavendelsirup, Rosen- und Veilchenzucker. Die passenden antiken Werbeschilder aus Frankreich überzeugen den Kunden, der noch unsicher ist. Hier kauft jeder etwas, und sei es ein noch so kleines Stück Glück für den Gaumen. Im Regal findet man ergänzenden Champagner oder schöne Behältnisse aus Keramik. Eine gesamte Kollektion läuft unter der eigenen L'Epicerie-Marke. Aus dem Ladenteil

**TIPP** *Passend zu Süßem und Pikantem gibt es Accessoires als Schälchen, Seifen, Saucen.*

gegenüber, der salzigen Epicerie, strömen ungewohnte Gerüche, die Nase und Gehirn Rätsel aufgeben: Ein Mix aus Zimt und Curry vermutet der ungeübte Kunde. Doch exotische Produkte von Madagaskar bis Bali und Vietnam sind in diesem Kolonialwarenladen zusammengefasst. Eine antike Weltkarte hängt mitten im Raum, ein wandumspannender Apothekerschrank beherbergt mehrere hundert Gewürze. Eigens abgepackte Tütchen Colombo, Harissa, Raz-al-Hanut und Zwiebelgewürz machen jedes Essen zur Verführung. Allein über 80 Pfeffersorten verkauft der göttliche Laden, der den Geschmack der Welt in alle Welt hinausträgt.

● L'Epicerie, Hauptstraße 35, 69117 Heidelberg-Altstadt, Tel. (0 62 21) 43 83 57
www.lepicerie.de
● ÖPNV: Straßenbahn 5, 23, 21, 22, 26, 9 und Bus 31, 33, 34, 39, 32, 35, 39, 29, Haltestelle Bismarckplatz (ca. 5 Minuten Fußweg)

# Eintauchen oder schweben?

**50** *Größer, echter, höher im Luxor Filmpalast*

Doch, es macht Sinn. Fische beruhigen aufgeregte Kinder und Kinofans vor der Hightech-Vorstellung. Zwei Katzenhaie, Rochen und kleinere Fische sind schon Kinohelden, bevor die Besucher überhaupt die 3D-Brillen aufgesetzt, die Leinwand gesehen und Dolby Surround gehört haben. Wer vor der Premiere von „Star Wars" oder „Bibi & Tina" hier die Zeit rumkriegen muss, ist gut beraten, den Blick in eines der beruhigend blauen Innenfenster zum Aquarium im imposanten Kino-Foyer zu wenden: 450.000 Liter Meereswasser passen hinein. Drumherum stehen 14.371 Quadratmeter, drei Stockwerke, 15 Kinosäle und 1800 Kinosessel eingebettet in einen Betonpalast. Soweit die Dimensionen.

Dieser Filmpalast ist ein echter Palast außerhalb der Leinwand. Die Kombination ist für manchen ungewöhnlich und überraschend, für die Luxor-Kinos in Walldorf, Bensheim und Schwetzingen jedoch Konzept. Der Kinobetreiber Familie Englert will im Aquarium Wassertiere beherbergen, die in Heimaquarien oder nach fehlgeleiteten Tierimporten kein Zuhause mehr haben. Manche Tiere werden auch weitervermittelt. Es menschelt beim Konzept im Luxor-Filmpalast, dem ersten Kino im Passivhaus-Stil, das einige Herausforderungen an den Bau gestellt hat. Die übrige Inneneinrichtung allerdings regt die Fantasie an: Hier wird Fiktion in die Realität geholt, Filmhelden stehen als lebensgroße Figuren zum Erleben bereit. Übergeordnet auf Podesten begrüßen Aquaman, Batman, Wonder Woman und andere Vertreter der Justice League den Cineasten sowie Batmans Original-Sportflitzer hinter Glas. In den 110 Astronautensitzen im Themenkino „Space" fühlt man sich, als wäre man live bei der Szene dabei. Weitere buchstäbliche Highlights schweben hoch oben im Filmpalast: Über einen gläsernen Skywalk in 16 Metern Höhe gelangen Mutige zu drei Gondeln, in denen sie wie James Bond einen Drink nehmen können, geschüttelt oder gerührt. Sommerfrische erfährt man in der obersten Etage, wenn sich das Dach öffnet und den Saal in ein Open-Air-Kino verwandelt.

● Luxor Filmpalast, Eppelheimer Straße 6, 69115 Heidelberg-Bahnstadt, Tel. (0 62 21) 4 35 27 44
www.heidelberg.luxor-kino.de
● ÖPNV: Straßenbahn 22, Haltestelle Gadamerplatz

# Der übergroße Traum

**51** *Tragik trifft Natur an der Thingstätte*

Betritt man den mystischen, einnehmenden Odenwald, genauer gesagt den Heiligenberg oberhalb von Heidelberg-Handschuhsheim, erwartet man nur Bäume und Natur. Über drei Kilometer natürliche Waldwege kommen Wanderer von der Altstadt oben an. Doch weit gefehlt: Hier findet überraschend Geschichtsunterricht im Freien statt. Kelten und Römer hatten auf dem 440 Meter hohen Berg Kultstätten, die als vorchristliche Rundwälle und römische, geweihte Steinfragmente erhalten sind. Auf diese Ahnentheorie hin bauten die Nationalsozialisten nach griechischem Amphitheater-Vorbild ein Freilichttheater für mehrere Tausend Menschen und eröffneten es 1935 für ihre Propaganda. Hier fühlt sich der Mensch klein. Doch man findet innerliches Glück und Größe, wenn man vom Parkplatz Waldschenke und der Bushaltestelle aufwärts waldwärts strebt und nach hundert Metern die erste Etappe bis zum unteren Eingang der Thingstätte bezwungen hat. Wow! Dahinter beginnt der Waldweg hinauf zur Thingstätte.

Das zweite Wow kommt dem Betrachter beim Anblick der über hundert Treppenstufen und 56 Sitzreihen. Bei den über 25 Meter schräg zum Heiligenberg hin ansteigenden Reihen werden gerade Wanderer und vor allem Kinder ehrgeizig. Monumentale Ausmaße mitten im Wald. Der Bau steht unter Denkmalschutz, damit die Erinnerung an die Geschichte erhalten bleibt. Besucher mit Technik-Hintergrund erforschen die ausgeklügelte Architektur, die eine erstaunliche Akustik zulässt. Kinder haben hier Auslauf, klettern die hohen Treppenstufen des Bühnen-Rundbaus hoch oder probieren, wie ihr „Echo" ankommt.

Naturliebhaber, Wanderer und untrainierte Touristen kämpfen sich, teils prustend und schnaufend, hoch auf die höchsten Ränge. Hier schaut man der Natur dabei zu, wie sie Menschengebautes aus Stein in ihr grünes Reich zurückholt. Hier kann man sitzen, den Besuchern zusehen, alte Schulkollegen treffen. Oder einfach verweilen, am Ausblick erfreuen.

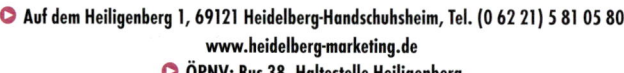

Auf dem Heiligenberg 1, 69121 Heidelberg-Handschuhsheim, Tel. (0 62 21) 5 81 05 80
www.heidelberg-marketing.de
ÖPNV: Bus 38, Haltestelle Heiligenberg

# Von Burschen und Damen

## 52 *Freiheit, Gleichheit, Schnookeloch*

Die schönsten Heidelberger Häuser gehören den Immobilienhaien – oder aber den Studentenverbindungen. Die schönsten Kneipen gehören ihnen zwar nicht, werden aber zum Stammtisch regelmäßig von ihnen in Beschlag genommen. Ob noch schlagend oder nicht: Das weltoffene, polyglotte Kneipenteam begrüßt sie alle. Toleranz steht an oberster Stelle. Morgens versorgt das Schnookeloch Nachbarn, nachmittags Touristen aus Bussen, abends Studenten. Mittlerweile nutzen 15 der Heidelberger Burschenschaften, gemischten Verbindungen und die einzige Damenverbindung das historische Lokal. Hier isst man Haxe und Schnitzel, trinkt frisch gezapftes Hacker Pschorr – oder ein anderes Bier aus dem Ein-Liter-Stiefel – unter historischen Holz-Wappen und Insignien an der Wand. Da wundert sich so mancher japanische Tourist, wenn er am ersten Freitag im Monat beim Abendbrot ins traditionelle, rituelle Treiben auf Latein gerät. Stimmungsvolle Abende bei Live-Klaviermusik, kraftvollen Stimmen, viel Gerstensaft und wenig Sauerstoff.
An den Holztischen auf Holzboden neben Holzvertäfelung an den Wänden fühlen sich die Gäste aus nah und fern wohl wie die Schnooke (die Schnake, Stechmücke) im Loch. „Mindescht ämol in der Woch, g'hört der Mensch ins Schnookeloch." So wirbt das historische und älteste Gasthaus und Studentenlokal der Stadt seit 1703 am weiß getünchten Querbalken auf 1,80 Meter Höhe. Für Nicht-Heidelberger muss es aber mindestens einmal bei jedem Heidelberg-Besuch sein. Es gibt Suppen, Flammkuchen oder ein halbes Dutzend Schnecken zur Vorspeise. Als Hauptgang Kurpfälzer Leibgerichte wie Schweinehaxe oder Saumagen, viererlei Schnitzel, Steaks von Rind und Pute – dazu hausgemachter Kartoffelsalat oder Spätzle. Die Preise sind menschlich. Umso länger kann man bleiben und den Geschichten zuhören, die das Lokal erzählt und dabei die Decken- und Wandtrophäen betrachten.

---

⊙ Schnookeloch, Haspelgasse 8, 69117 Heidelberg-Altstadt, Tel. (0 62 21) 13 80 80,
www.schnookeloch-heidelberg.de
⊙ ÖPNV: Bus 35, Haltestelle Alte Brücke, Bus 31, 32, Haltestelle Universitätsplatz

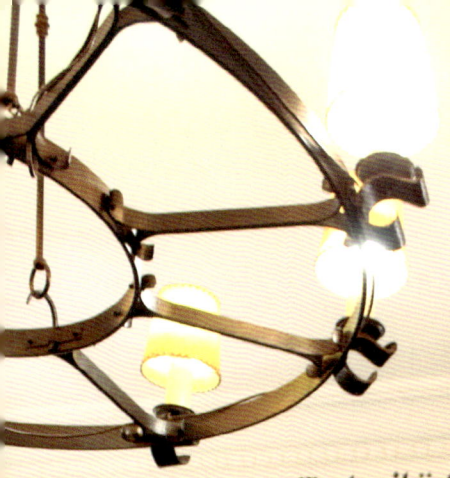

Mindescht ämol in der Woch, g'hört der Mensch ins Schnoofeloch

# Nostalgie per Knopfdruck

**53** *Freizeitpark Märchenparadies am Königstuhl*

Nostalgiker aufgepasst! Versteckt wie ein gut gehütetes Geheimnis liegt seit Jahrzehnten das Märchenparadies auf der Kuppe des Heidelberger Königstuhls. Der Wald bedeckt den schnuckeligen Freizeitpark mit einer Art Schleier. Nur die Spitzen von ein, zwei Türmen des Dornröschen-Spielplatzes ragen zwischen Bäumen hervor. Immer noch oder wieder? Hier werden Gäste auch im Erwachsenenalter in den Bann der Märchen gezogen. Aber weder mit Dolby Surround noch Lichtschranke noch Automatik: Hier erzählen Zwerge, Rumpelstilzchen, Baron von Münchhausen, Schneewittchen, der gestiefelte Kater oder die Vogelhochzeitsgäste dann – Tür auf, Tür zu, kopfwackelnd und hoch- und runterfahrend – in Schaukästen ihre Story, wenn man daneben den Knopf drückt.

Für die heutigen Kinder mit iPad-Sozialisation ist das alles laaangsam und womöglich ungewöhnlich. Manche Szene bewegt sich erst, wenn man die Märchenparadies-Münze einwirft. Für die Kinder der 1960er- bis 1980er-Jahre ist es pure Nostalgie in Slow Motion. Wie verlässlich, wie beruhigend, wie Jahrmarkt. Aber es geht auch schneller. Eine kleine Eisenbahn fährt durch den Park, ein Kettenkarussell und zwei Autoscooter-Parcours versorgen die Actionsüchtigen mit dem Drehwurm-Gefühl. Doch das größte Glück der Erde ist – natürlich – auf dem Rücken der Pferde: Einen halben Meter über dem Boden reiten kleine und große Fans auf elektrisch-mechanisch geführten Jahrmarkt-Pferden durch die Büsche. Nochmaaal! Gut, wenn man Kinder dabei hat und selbst ohne Schamgefühle aufsteigen kann. Wer Pferde nicht mag, fährt alternativ mit der elektrischen Wurm- oder der Hexenbahn. Ein Heidenspaß für die junge und ältere Generation, die sich hier Jahrzehnte jünger fühlt.

Wer nach oder statt des Märchenparadieses reine Natur möchte, spaziert über den zwei Kilometer langen Rund-Lehrpfad (Via Naturae) um das Gelände. Auch hier kommen Abenteurer auf ihre Kosten, wenn sie links und rechts Klettersteige und Naturklanghölzer wie im Indianerdorf ausprobieren können.

---

Märchenparadies Heidelberg, Königstuhl 5a, 69117 Heidelberg, Tel. (0 62 21) 2 34 16
www.maerchen-paradies.de
ÖPNV: Bus 39, Haltestelle Königstuhl oder Bergbahn, Haltestelle Königstuhl

# Zauberhafte Puppenstube

**54** *Seele auftanken im Holgersons*

Diese Puppenstube ist lebensgroß, begehbar und üppig ausgestattet. Sofa, Tischchen, Kommode und Schrank sind nur die Deko. Die Stücke, die auf ihnen liegen, an ihnen hängen und neben ihnen stehen, machen die Einrichtung aus. Hier findet frau alles, was sie braucht, um ihr Leben und ihre Lieben glücklich zu machen. Die Betonung liegt auf „findet". Für jeden gibt es mindestens einen Glücksbringer, doch er will erst im Sammelsurium aus tausend Teilen entdeckt werden. Hier ist Zeit und Raum zum Stöbern, Entdecken, Träumen. Wie Nils Holgersson in der Geschichte hört man die plüschigen Enten, Elefanten, Drachen und Könige sprechen. „Nimm mich mit, lass dich verzaubern."

Die beiden Shops des Holgersons in der Heidelberger Altstadt ziehen die Kunden magisch hinein. Verwandte und Bekannte von frisch gebackenen Erdenbürgern suchen ein Willkommenspräsent, Freundinnen treffen sich zum gemeinsamen Bummeln. Stammkundinnen mit einem Faible für Schönes, Feines und Buntes landen ebenfalls hier. Die Kundinnen stimmen sich auf die kommende Jahreszeit ein und laden ihre Seele auf. Kein Wunder: Die große Mehrheit der Ware kommt aus Dänemark, wo die glücklichsten Menschen leben und die besten Designer arbeiten. Es gibt Läufer und Kannen von Greengate, Schachteln und Spielzeuge von Rice, Kuscheltiere und Püppchen von Jellycat, Rasseln von Done by deer oder Maileg, Interieur und Gebrauchskunst von IB Laursen, Schmuckarmbänder mit Wünschen und Botschaften von Timi Sweden, Accessoires von House Doctor sowie Postkarten und selbstgemachte Textil- und Papierideen.

Fast schon Tradition und Kult sind die Smilla-Täschchen. Seit der Eröffnung vor zwölf Jahren designt die Holgersons-Besitzerin jedes Jahr eine neue Kollektion der waschbaren Wachstuch-Etuis in verschiedenen Größen, „handmade in Heidelberg". Namenskissen kommen vom lokalen Label Kinderträume. Apropos Träume: Die Inhaberin hat sich, nachdem ihre Kinder groß waren, mit dem Laden einen Mädchentraum erfüllt.

••••••••••••••••••••••••••••••••••••••••••••••••••••••••••••••••••

⊙ **Holgersons, Sofienstraße 19 und Märzgasse 16, 69115 Heidelberg, Tel. (0 62.21) 6 50 61 44**
**www.holgersons.de**
⊙ **ÖPNV: Straßenbahn 5, 23, 21, 22, 26, 9 und Bus 31, 33, 34, 39, 32, 35, 39, 29,**
**Haltestelle Bismarckplatz**

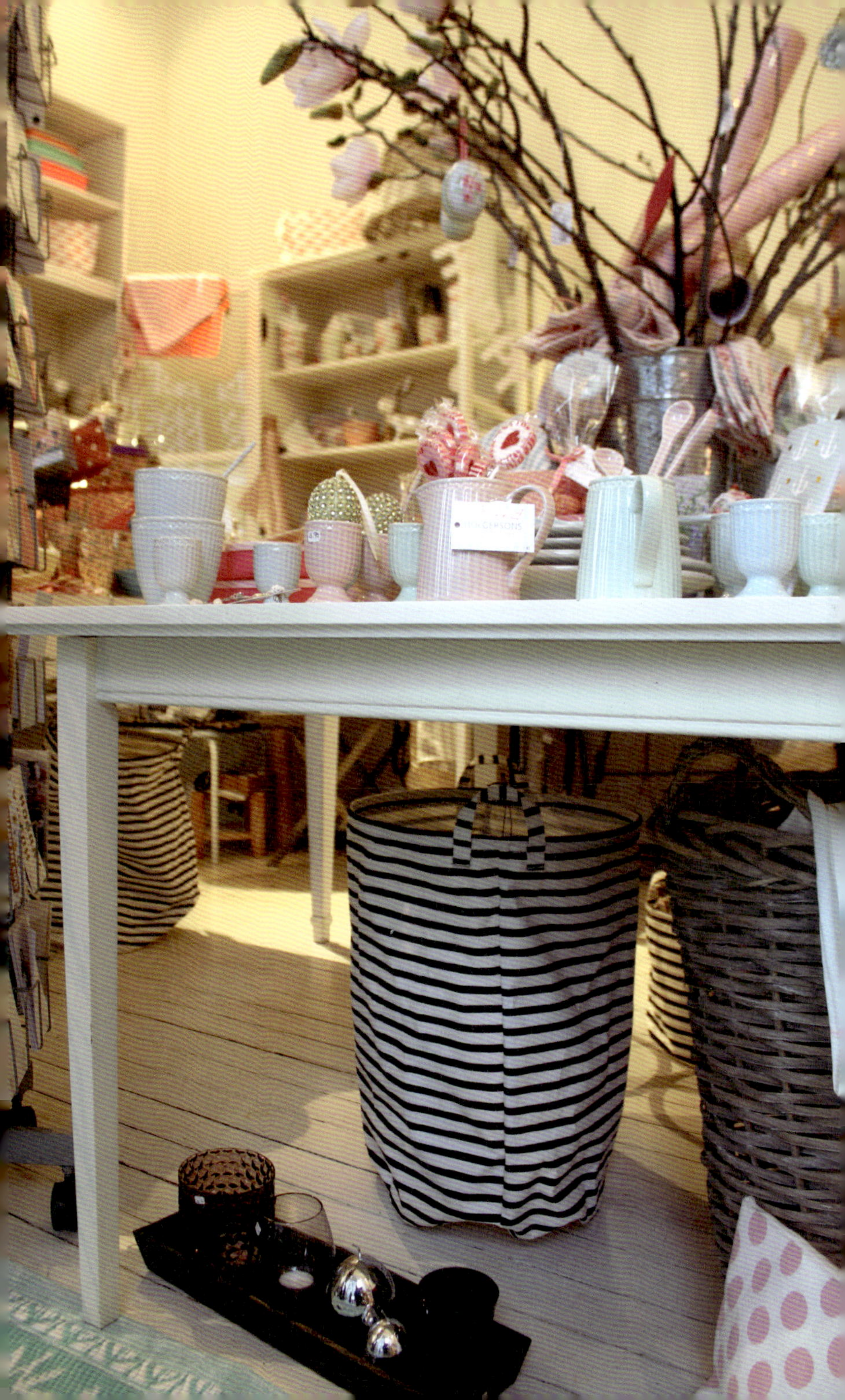

# Jung sein im alten Gebäude

**55** *Studentisch unterhalten in der Zeughaus-Mensa*

Statt Pferden, Waffen und Ausrüstung gibt es im ehemaligen Marstall und Zeughaus heute Futter und Freizeit für Studenten. Die Kombination aus jungen Leuten und alten Gebäuden ist Standard in Heidelberg. Denn es studieren knapp 40.000 in der Stadt mit der ältesten Uni Deutschlands (von 1386) und den meisten Nobelpreisträgern. Weitere neun Hochschulen gibt es.

Zentral in der unteren Altstadt in Neckar-Nähe liegt die Mensa im Zeughaus. Bei sommerlichen Temperaturen ist der grüne Innenhof prädestiniert für lang ausgestreckte Studenten, Picknicker und Sonnenanbeter. Wer bei ungemütlicher Witterung hierher kommt, sollte neben der Nähe zum Wasser auch menschliche Nähe schätzen. Man hockt an langen Tischen eng beieinander – wie die Sardinen in der Büchse. Typisch studentisch – und/oder typisch kurpfälzisch – setzt man sich zu unbekannten Menschen, ohne zu fragen. Rockmusik dudelt durch die hohen Hallen. Die Studenten quatschen unbekümmert in Junge-Leute-Lautstärke um die 70 Dezibel. Graffiti-Kunst hängt an den Wänden. Es ist herrlich lebendig und schrill, frisch und fröhlich, deutsch und asiatisch. Kirchenähnlich sind Plätze auf zwei Emporen hochgebockt. Hier ist der beste Aussichtspunkt, entweder um als Student einen Flirtpartner von oben zu beobachten oder um als Gast sich an das eigene Studentenleben zu erinnern. Studenten zahlen Studentenpreise, Nicht-Studenten ein paar Euro mehr. Was hier besprochen wird, dringt nicht nach draußen: Die Mauern sind meterdick aus gutem Neckartaler Sandstein, einige Fenster mit Neckarblick.

Von Montagmorgen bis Samstagabend kann man am Mensa-Büffet fünfzehn Rohkostsorten, dreierlei Beilagen, Fisch, Fleisch oder Vegetarisches bekommen. Das integrierte Café für zwischendurch oder danach hat mit riesigem Kuchen- und Smoothie-Angebot auch am Sonntag bis 24 Uhr geöffnet. Ohne Event geht es auch beim Studentenwerk nicht mehr: Bundesliga live, Sonntagsbrunch, Kino- und Tatort-Café locken Erst-, Letzt- und ältere Semester an.

● ● ● ● ● ● ● ● ● ● ● ● ● ● ● ● ● ● ● ● ● ● ● ● ● ● ● ● ● ● ● ● ● ● ● ● ● ● ● ● ● ● ● ● ● ●

**⊙ Zeughaus-Mensa im Marstall, Marstallhof 3, 69117 Heidelberg, Tel. (0 62 21) 54-54 00**
**www.studentenwerk.uni-heidelberg.de**
**⊙ ÖPNV: Bus 31, 32, 35, Haltestelle Marstallstraße**

# Probieren statt Studieren

 *Actionhouse und FensterPlatz Bergheim*

Im Actionhouse haben viele fleißige Hände in einer alten Repro-Garage einen Unterschlupf für Hobby- und Berufskreative geschaffen. Endlich Hinterhof-Kultur in Heidelberg wie in Berlin. Dafür ist der quirlige Stadtteil Bergheim prädestiniert. Das einfache Viertel gibt normalen Leuten und Geschäften sowie Multikulti ohne viel Schnörkel und Chic ein Zuhause. Da ist Platz für Kreativität und fürs Zurück-zu-den-Wurzeln: So wird im Actionhouse experimentiert, genäht, Holz bearbeitet, Altes verkauft und Neues gedacht.

Mit Kissen auf Sofas, Kunst an den Wänden, ehemaligen Schulstühlen und Werkstattlampen fühlt sich die Garagenatmosphäre gleich wohlig menschlich und zum Glück etwas unfertig an. Die Räume beherbergen Workshops und Co-Working, „Frohmarkt" und Filmproduktion auf zirka 30 Quadratmetern. Im hinteren Bereich finden manchmal Wohnzimmerkonzerte statt. Studenten und lebenslang Lernbegierige lieben diesen Ort zum Runterkommen, Handwerken und Handarbeiten. Die Vereinsleute, Künstler und andere Macher bieten Seminare und Workshops an, stellen mit Interessierten Schmuck, Naturkosmetik oder Balkonmöbel her, nähen mit ihnen Ledertaschen, Pullis, mitgebrachte Sachen oder betreiben Upcycling.

Eine ähnlich kreative Oase unter dem Dach der Breidenbach Studios ist der FensterPlatz, das ehemalige Pförtnerhäuschen der Heidelberger Druckmaschinen. Hier treffen sich Digitalarbeiter, die einen Platz zum Arbeiten suchen oder Gründer, die kurz einen Kaffee mit selbstständigen Kollegen trinken oder sich beim monatlichen Fensterlunch von Musikern, Gamern oder Schauspielern inspirieren lassen möchten. Der FensterPlatz ist Schaufenster, Workshopraum, Coworking Space und Treffpunkt für Heidelbergs Kreativwirtschaft. Denn die besten Plätze im Zug oder im Urlaub sind Fensterplätze – und das sind im FensterPlatz alle. Hemdsärmelig und kreativ-chaotisch schön ist es hier.

---

Actionhouse, Bergheimer Straße 80, 69115 Heidelberg, Tel. (0 62 21) 7 19 61 86, www.actionhouse.org; FensterPlatz, Kurfürstenanlage 58, 69115 Heidelberg, Tel. (0 62 21) 6 59 49 70, www.fensterplatz-heidelberg.de

ÖPNV: Actionhouse: Straßenbahn 22, Bus 31, 35, Haltestelle Volkshochschule; FensterPlatz: Haltestelle Hauptbahnhof

# Kulinarische Konversion

 **57** *Das Restaurant Die Maske Afrikas*

Viele Jahre vermischte sich in Rohrbach ein beschauliches Winzerdörfchen mit Wohn- und Gewerbegebieten sowie dem ehemaligem US-Armeegelände. Doch nun erwacht Rohrbach zu neuem Leben. Erste Trendsetter sind Gastronomen, die die sanierte Rathausstraße in Alt-Rohrbach beleben und kulinarisch öffnen. Das Angebot ist abgestimmt auf Appetit und Ausgehlust der Neuankömmlinge, die die 2.000 neu entstehenden Wohnungen auf den nahegelegenen Konversionsflächen von Mark-Twain-Village bis US-Hospital-Gelände bewohnen.

An der Rathausstraße 35 holen der Duft von Gewürzen und die Optik einer Bambushütte die Menschen von der Straße in die Gemeinschaft der aus Eritrea stammenden Familie Yacob. Die Familienrezepte basieren oft auf dem typischen Gewürz Berbene. Zwei Generationen begrüßen, beraten, kochen, servieren und lesen den Gästen die Wünsche und Neugier von den Augen ab. Für Neulinge lohnt sich „Bebeaynetu", die Afrika-Probier-Platte, als Einstieg. Man bekommt Linsenbrei, getrocknetes Lamm-, Rind- oder Hühnchenfleisch – entweder serviert auf Injera, dem traditionellen Sauerteig-Fladenbrot, oder mit Kuskus (Reis). Als Kenner traut man sich auch an die Speisen namens „Afrika" (Spinat, Kochbanane, Erdnusssoße) oder „Shiro", das Kichererbsen-püree, heran. Dazu passt entweder ein südafrikanischer Wein oder das ghanaische Bier Dju Dju, das man aus einer Bambusschale trinkt. Mund, Gaumen und vielleicht auch den Fingern eröffnen sich ganz neue Welten.

**TIPP** Auf der übrigen Rathausstraße schlemmen im Zuckerrohr, Illegally Tasty, in der Traube, Linde, Rorbar.

Die Gastgeber sind Küchenmeister und Kulturbotschafter zugleich. Bei sanften Trommelklängen, warmgelbem Licht, traditionellen Masken an der Wand und Elefanten auf der Theke vergisst man Zeit und Ort. Wer sich darauf einlässt, bekommt zum Abschluss einen äthiopischen Kaffee mit einer Portion Kultur: Das würzige Aroma kann man trinken und riechen. Denn er wird neben rauchendem Weihrauch serviert – so rufen die Locals die Nachbarn zur gemeinsamen Kaffeezeremonie. Diese Gemeinschaft ist Glück!

⊙ **Die Maske Afrikas, Rathausstraße 35, 69126 Heidelberg-Rohrbach, Tel. (0 62 21) 3 38 00 70**
**https://restaurant-diemaskeafrika.de/**
⊙ **ÖPNV: Straßenbahn 23 und 24, Haltestelle Rohrbach Markt**

# Industrie lebt – wieder!

 **58** *Kunst und Speisen im Heinstein- und Betriebswerk*

Wie die großen Städte entdeckt das kleine Heidelberg die verfallenen Schauplätze seiner Industriegeschichte wieder: als Kulturorte, Arbeitsorte, Glücksorte. Den jungen Kreativen, „alten" Intellektuellen und Kunstliebhabern haben Locations in solchem Format gefehlt. Nun aber: Bühne frei für Betriebswerk und Tankturm sowie Heinsteinwerk, jeweils links und rechts der Bahntrasse Richtung Mannheim gelegen.

Stolz steht heute in Heidelberg-Wieblingen noch die Ofenfabrik Jean Heinstein. Wo vom Ersten Weltkrieg bis 1995 Kachelöfen produziert wurden, lassen sich seit 2004 Kreativ- und Umweltagenturen nieder. Wer in den ehemaligen Werkstätten arbeitet oder in der Kantine Heinstein's zu Mittag isst, kann dem Fabrikalltag rund um 16 Gasöfen hinterherschauen – bringt Down-to-earth-Gefühl und Kreativität. Draußen versprühen übergroße Bilder und ein verglastes Museums-Guckloch in die Produktion Gründerzeitspirit.

Noch fideler und jünger ist die Wiederbelebung des Bahn-Betriebswerks und des Tankturms auf der anderen Seite der Bahngleise. Am Rand des Bahnstadt-Viertels haben neue Betreiber alte Industriegebäude „aufgemischt". Sie trauten sich in die verwahrlosten Denkmäler, um der Kreativszene Pioniergeist einzuflößen. Die Kulturszene liebt es. Alter Bestand für neuen

**TIPP** — *Im Betriebswerk nach öffentlichen Events schauen.*

Verstand. Außen Sichtmauerwerk in Hartklinker, innen Steinstruktur, vermischt mit tiefschwarz gestrichenen Stahlträgern. Hier finden Klang- und Architekturforen, Debattenabende, Vernissagen, Konzerten und Videoprojektionen statt. Neugierige warten ungeduldig auf Veranstaltungen. Wer nicht warten kann, bekommt wochentags 12 bis 14 Uhr in der „Ladestation" einen Vorgeschmack: Die gastiert jede zweite Woche im Betriebswerk. Alles echt „abgefuckt" authentisch: Nebenan stehen noch verfallene Gebäudeteile und wucherndes Unkraut.

---

**☻ Heinsteinwerk, Restaurant/Kantine Heinstein's, Wieblinger Weg 19, 69123 Heidelberg-Wieblingen, Tel. (0 62 21) 6 55 19 40, www.heinsteins.de, Betriebswerk, Am Bahnbetriebswerk, 69115 Heidelberg-Pfaffengrund, Tel. (0 62 21) 13 24 40, www.betriebswerk-heidelberg.de**

**☻ ÖPNV: Straßenbahn 5, 9, Haltestelle Berufsschule (Heinsteinwerk), Straßenbahn 22, Haltestelle Henkel-Teroson-Straße (ca. 10 Minuten Fußweg bis Betriebswerk)**

# Im Gänsemarsch zum Kuss

**59** *Auf dem Leinpfad am Fluss zur Alten Brücke*

Das Beste an der Alten Brücke ist der Blick auf sie, von unten, entlang des Neuenheimer Nordufers. Dafür begibt man sich auf den 1,3 Kilometer langen und schmalen Leinpfad, auf Augenhöhe mit dem Neckar. Start ist am Ausläufer der Neckarwiesen an der Theodor-Heuss-Brücke auf der Neuenheimer Seite (Alte Brücke Nord). Hier steigt man die Stufen von der Brücke hinunter auf den holprigen Leinpfad und kommt mit jedem Schritt etwas näher an die Klinkerbrücke aus Neckartäler Sandstein von 1788 heran. Sie schlägt über 200 Meter neun Bögen zwischen der Uferpromenade von Neuenheim zur Altstadt.

Im Gänsemarsch drücken sich die Besucher auf dem gepflasterten Weg aneinander vorbei, Handy immer voraus für Aufnahmen vom mächtigen Bauwerk. Links begrenzt die Neckarmauer den Pfad. Oben führt die Pappel-Promenade an der Neuenheimer Straße entlang. Etwa 400 Meter vor der Alten Brücke breitet sich der Pfad am Fluss aus, es wird grün und blumig. Ein kleiner Hügel formt sich zum besten Schloss- und Brückenblick für Romantiker und Sonnenanbeter. Hier trinken Schüler ihr erstes

**TIPP** *Augen auf: Auch ein Biber-Pärchen liebt die Ruhe am „Strändchen" und hat unter Wasser seinen Bau.*

Bier, Studenten feiern Bergfest. Betonelemente in der Wiese bieten den Freiluftgästen einen Sitzplatz. Je weiter oben, desto besser der Überblick. Man verfolgt die Touristenströme, die sich auf der Alten Brücke tummeln und für ein Romantikfoto zwischen den Brückenfiguren posieren.

Ein Glück, dass man dem Trubel aus dem Grünen zusehen kann.

Wer seinem oder seiner Liebsten die Treue schwören mag, muss sich allerdings doch in die Masse stürzen: Oben am Brückenkopf wartet der Liebesstein auf neue Schlösser ewig Liebender. Wer danach passenderweise abseits der Öffentlichkeit knutschen will, geht ans Ufer unterhalb der Alten Brücke in Richtung Neckargemünd. Dort haben sich Mini-Strändchen gebildet, und auf einer alten Baumwurzel oder Holzbank lässt es sich herrlich glücklich sein. Wer noch mehr Glück braucht, schlendert über die Alte Brücke zur Altstadt rüber und holt sich neben dem Brückentor beim Brückenaffen aus Bronze sein Glück und ein Selfie ab.

● Alte Brücke, 69120 Heidelberg-Neuenheim (Nord) oder Heidelberg-Altstadt (Süden)

● ÖPNV: Bus 34, Alte Brücke Nord oder Bergstraße (Ausgangspunkt der Tour, etwas Fußweg) oder Bus 35, Haltestelle Alte Brücke (Süd/Altstadt, Brückenaffe)

# Wachmacher bis Absacker

**60** *Italian-Style-Cappuccino im Casa del Caffè*

Was die Max Bar für Frankreich-Liebhaber, ist das Casa del Caffè für Italo-Fans. Und für die, die kleinen Espresso „originale" aus großen Maschinen lieben und sich gern mit anderen Menschen umgeben. Oder für die, die Tag und Nacht gern einen Barkeeper in der Nähe haben. Im Casa del Caffè ist all das der Fall. Stammkneipen-Atmosphäre, schön eng, drinnen wie draußen. Allein schon das Zuschauen, wie die Milch zum cremigsten Milchschaum für die Cappuccini und Espressi wird, vermittelt Glücksgefühle. Orangen bereiten sich mental darauf vor, frisch gepresster Saft zu werden. Die Schlagzahl, in der die Baristas die Getränke bereitstellen und die ein- und ausgehenden Kunden wie eine gute Seele versorgen, ist beachtlich.

Über die messingfarbene, metallene Theke aus Frankreich gehen von 7 oder 8 Uhr morgens bis nachts 1 Uhr oder 3 Uhr Warm- und Kaltgetränke, also vom Wachmacher bis Absacker bis Wachmacher. Es ist dunkel, eng und lebendig – eben wie in Italien. Hinter der Theke steht eine italienische und internationale Sammlung an Flaschen und Gläsern, deren Ordnung nur der Insider versteht. Liebevolles Chaos, die Bude ist immer voll. Und das liegt nicht nur am Standort in der berühmten Steingasse, an dem ständig Touristen vorbeiströmen, sondern am besten Café in town, é vero. Und am ersten Italo-Café in town seit Ende der 90er.

Das danken die Einheimischen den Betreibern Rudolf und Giulia Miltner. Hier kommt man hin, wenn man Liebeskummer hat, eine Wohnung sucht oder Tipps für Heidelberg braucht. Die Barista oder der Barkeeper haben immer ein offenes Ohr. Zum Frühstück gibt's aprikosengefülltes Croissant, Espresso, abends Live-Musik und ein Weinchen. Draußen auf den engen Bürgersteig der Steingasse passen unglaublicherweise vier Tische und die dazugehörigen Baststühle, dicht an dicht, Italien-Gefühl eben. Übrigens gibt es hier weder WLAN noch To-go-Kaffee, stattdessen miteinander reden und mitgebrachte Becher oder „to stay".

**Casa del Caffè No. 8, Steingasse 8, 69117 Heidelberg-Altstadt, Tel. (0 62 21) 2 99 69**
**www.casa-del-caffe.de**
**ÖPNV: Bus 35, Haltestelle Alte Brücke**

126

# Zimt, Tanne und die Bahn

**61** *Winterwäldchen am Kornmarkt*

Ein Weihnachtsmarkt in historischen Städten ist zuverlässiges Glück. Im besten Fall verschneit und knackig kalt ist man hier erfüllt vom Zauber in beschützten, altehrwürdigen Mauern. Heidelberg stellt den Weihnachtszauber an sechs offiziellen Standorten in der Altstadt her: Vom Bismarckplatz über den Anatomiegarten, den Universitätsplatz, Marktplatz vor dem Rathaus, Kornmarkt und Karlsplatz verwandelt sich die Stadt entlang der Hauptstraße zur Weihnachtsmeile. Neben Standard-Buden, die eher nach Frittierfett und Alkoholwolke als nach Weihnachten riechen, ist das Heidelberger Winterwäldchen am Kornmarkt der echteste Ort, um in Weihnachtsstimmung zu kommen.

Über hundert Tannen funkeln hier, die weißen Spitzzelte schimmern wie Schnee, die liebevoll geschmückte Weihnachtskrippe versprüht Besinnlichkeit und erinnert bei allem Konsum an das Eigentliche. In dieser authentischen Kulisse fährt eine kleine schwarze Lok mit weihnachtsmannroten Wagen im Kreis um die Tannen und die feine Kunst-Silhouette einer Rehfamilie herum. Kinder sind mittendrin, Erwachsene leider nur dabei.

**TIPP** Kleinere Adventsmärkte und Weihnachtsbasare gibt es in der Tiefburg in Handschuhsheim, im Stift Neuburg oder im Grenzhof.

Schade. Aber auch das Zusehen erwärmt das Herz und versetzt die Großen zurück in die heimelige Zeit, als sie selbst die Fahrkarte für ein solches Schmuckstück-Bähnchen gekauft bekamen und sich im Kreis drehen konnten. Als Ausgleich dürfen die Erwachsenen sich die Seele beim Blick auf die Unikate Kunsthandwerk in den geschmackvollen Zelten aufladen. Rot schimmerndes Licht bringt Heimeliges in die Herzen. Ausgewählte kulinarische Köstlichkeiten breiten den Duft von Zimt, Anis und Gewürzglühwein auf dem ganzen Plätzchen aus.

Zur Adventszeit rückt die Stadt näher zusammen, das Schloss oberhalb scheint vom kuscheligen Kornmarkt aus zum Greifen nah. Noch schöner als sonst erstrahlt die Schlossfront am dunklen Abend und zur Nacht im sternengleich inszenierten Scheinwerferlicht. Jetzt glauben nicht nur die Kinder, dass sich das Christkind oder der Weihnachtsmann ganz in der Nähe aufhalten, um nach den Menschen zu sehen.

---

⊙ **Kornmarkt, 69117 Heidelberg-Altstadt, Tel. (0 62 21) 58-4 44 44 (Heidelberg Marketing)**
**www.heidelberger-weihnachtsmarkt.de**
⊙ **ÖPNV: Bus 33, 35, Haltestelle Neckarmünzplatz (kann zur Weihnachtszeit eventuell abweichen)**

# Landliebe zum Wein

**62** *Überraschende Weinwanderung in Rohrbach*

Es nützt alles nichts: Wer schön sehen will, muss leiden – also laufen. Knackig. Bergauf. Den Boxberg hoch. Eigentlich steht Rohrbach-Süd nicht gerade im Rampenlicht des Tourismus. Zementwerk und Gewerbegebiet unten im Emmertsgrund bringen alles andere als Schönheit aufs Aussichtstablett. Doch die wohl landliebendsten Heidelberger vom Rohrbacher Obst-, Garten- und Weinbauverein sind kreativ und nehmen Einheimische und Fremde gern an die Hand, ab Mai zu geführten Wanderungen durch ihre Weinberge. Ansonsten führen 27 Schilder informativ und kulturhistorisch rund um die Gärten und Weinberge.

Los geht es über den Soldatenweg hinein ins Grüne. Das Holzschild „Treffpunkt" bestätigt den richtigen Ausgangspunkt (Schild E, S). Die Orientierung klappt nur mit der kleinen Übersichtskarte (online). Zirka 400 Meter geht es an Büschen und steilen Weingärten vorbei. Man arbeitet sich von Schild zu Schild. Am Schild „Durch diese hohle Gasse" biegt ein gepflasterter, verwunschener Hohlweg zwischen Gartengrundstücken nach rechts ab. Es duftet nach Salbei und Lavendel, Büsche ragen in den Weg hinein. Noch 50 Meter, dann offenbart sich wie eine Armee ein Plateau aus Weinreben in Reih und Glied. Der Himmel öffnet sich, der Blick bekommt Weite. Links oben am Berg die einsame Seniorenresidenz Augustinum, rechts am Horizont der Pfälzerwald. Himmel, wie schön! Staubige Wege führen durch die Reben. Die Belohnungsbank für den Aufstieg steht bei Schild 13 und 12, unterhalb des Steinbruchs. Ein Rohrbacher Zimmerer hat die Bank gestiftet. Danke, Jochen Höfler! Hier kann man bestens den Wolken zuschauen, wie sie Sonne und Regen in 50 Kilometer Entfernung in der Pfalz und Frankreich durchlassen. Nur eins darf man nicht: direkt hinunter auf die Bundesstraße und Industrie blicken. Dabei hilft die Natur: Die Reben von Trollinger bis Riesling schlucken die Verkehrsgeräusche. Es rauscht einfach nur. Dem Himmel und den Wolken so nah wie an einem lauen Sommerabend, der nie zu Ende gehen soll.

**TIPP** Weintrinker gehen danach zum Weingut Bauer, am Dachsbuckel-Winzerhof 1 gelegen.

⊙ Erlebniswanderweg Wein und Kultur, Start am Soldatenweg/Leimer Straße, 69126 Heidelberg-Rohrbach, http://weinwanderweg-rohrbach.de (unbedingt Übersichtskarte nutzen)
⊙ ÖPNV: Straßenbahn 23, 24 und Bus 27, 29, 33, Haltestelle Rohrbach-Süd oder Freiburger Straße (beide unten); Bus 29, 33, Haltestelle Haselnussweg (oben)

# Die Diva

**63** *Die Schönste hier: Heidelbergs Schlossruine*

Dass die Heidelberger gern melancholisch an die gute, alte Zeit denken und sich ihr verpflichtet fühlen, kann man ihnen nicht verübeln. Schließlich regiert eine Schlossruine die Stadt. Wie eine Königin thront sie über dem Neckar, der flachen Altstadt und gegenüber dem Heiligenberg. Der tiefgrüne Wald des Königstuhls umrandet sie wie eine Diva. Von jedem Besucher und aus jedem Winkel der historischen Stadt will sie bewundert werden. Nachmittags wird sie von der flussabwärts sinkenden Sonne mit rötlichem Glanz besonders in Szene gesetzt. Deshalb ist das Schloss ein touristisches Muss.

Über elf Millionen Touristen strömen zackig via Bergbahn, Reisebus (Parkplatz vorm Schloss) oder zu Fuß hinauf zur Sehenswürdigkeit Nummer eins in Heidelberg. Intensiv und keuchend gelangt man über den Kurzen Buckel in zehn Minuten über gepflasterte Treppen nach oben. Langsamer und gemütlicher schlängelt man sich über die Neue Schlossstraße und Schlossberg hinauf, wo romantische Türmchen und Treppchen an Villen vom Aufstieg ablenken. Sobald man oben ist, ist man überwältigt vom Schloss – oder aber vom Menschenandrang. Die erste Terrasse am Elisabethentor und mit Eingang zum Apothekenmuseum sowie mit Blick hinab ins Tal ist überlaufen.

**TIPP** Wer die Schloss-Beleuchtung im Sommer erleben will, wartet auf der Alten Brücke oder den Neckarwiesen darauf.

Der zerstörte, halboffene Schlossturm mutet an, als könne man bei der Kurfürstin ins Schlafzimmer schauen. Der schönste Platz mit bester Sicht auf das Schloss ist von der hinteren Scheffelterrasse in die Weite der Rheinebene oder vom Schlossgarten aus zur untergehenden Sonne. Picknickdecke und viel Zeit sind angebracht …

Auf 205 Metern Höhe fühlt man sich dem Himmel schon näher, ausgebreitet auf einer Decke ohnehin. Ein Tipp für die, die etwas Zeit mitbringen: Nähern Sie sich dem Schloss von oben ab der Molkenkur oder über die Himmelsleiter. Einfach die Großzügigkeit und das Grün der Schlosspark-Terrassen einatmen und die rot schimmernden Steine über der Großen Grotte bewundern.

Heidelberger Schloss, Schlosshof 1, 69117 Heidelberg-Altstadt, Tel. (0 62 21) 65 88 80
www.schloss-heidelberg.de, www.heidelberg-marketing.de
ÖPNV: Bergbahn, Haltestelle Schloss (Schlossticket mit Eintritt in Schlosshof und Apothekenmuseum)

# Glas Portugieser im Innenhof

 *Tiefgründig in der Vinothek Wein-Atrium*

Wie entkommt man der Enge der Stadt und der Schwüle im Sommer? Die meisten Heidelberger wollen dann hoch hinauf, um Abkühlung und Gelassenheit wiederzufinden. Das Wein-Atrium schlägt eine andere Richtung ein: Hinab in den Keller. Wo die Hauptstraße der Dreikönigsstraße begegnet, tut sich ein versteckter Innenhof mit wildem Wein als Bedachung auf, eine Art Weinlaube. Hier hat man sofort Lust auf ein Glas Riesling, einen portugiesischen Douro oder ein Gläschen Crémant. Bei schönem Wetter finden hier Weinproben statt. Man fühlt sich wie im Patio (Innenhof) in Spanien oder Portugal. Für die ganze Palette von Weinen steigt man zehn Stufen hinab in den aufgeräumten alten Gewölbekeller. Es riecht nach Historie, fühlt sich im Sommer schön kühl und im Winter warm an.

Doch das ist nicht der einzige Glücksgrund hier: Auch der Vinothek-Betreiber Tobias Kraus hat eine beruhigende Aura, empfiehlt fachkundig und ehrlich alten Wein und neue Reben. Schräge Fachwerkbalken beherbergen die deutschen Weine, die gern von Touristen aus aller Herren Länder und Bundesländer nachgefragt werden. Vom Mosel-Riesling bis zum pfälzischen Weingut Nett oder dem badischen Kühn kann der ausgebildete Weinfachmann die Heimatweine anpreisen. Aber für den Ibero-Spezialisten ist das etwas langweilig. Also Augen auf die Steinwaben gegenüber: Unter den jeweiligen Landesschildern liegen Flaschen farbenfroher Tropfen aus Portugal und Spanien, Italien und Frankreich. Steckenpferd sind portugiesische und spanische Weine. Wenn eine alte Sorte von jungen Winzern wiederbelebt oder eine kleine Weinregion entdeckt wird, bekommt das Wein-Atrium davon Wind und besucht die Weingüter. Schließlich beliefert es die Altstädter Weinstuben ringsum und versorgt Stammkunden und wechselfreudige Klientel mit Neuigkeiten in flüssiger Form und gern in Bio-Qualität. Es ist wie in der Musik: Spannend sind die ungeschönten Experimente abseits, die man aber jetzt endlich probieren will: Schnell anmelden zur Weinprobe für Gruppen bis zu 20 Personen mit Brot, Oliven oder Wurstplatte.

• • • • • • • • • • • • • • • • • • • • • • • • • • • • • • • • • • • • • • • • • •

◉ Wein-Atrium, Hauptstraße 169, 69117 Heidelberg-Altstadt, Tel. (0 62 21) 2 69 03
www.wein-atrium.de
◉ ÖPNV: Bus 31, 32, Haltestelle Universitätsplatz

# Kein Abstellgleis

**65** *Kunst, Kultur und Kino im Karlstorbahnhof*

Viele legendäre, größere Einrichtungen der Nachtkultur in Heidelberg sind gefühlt in ihren letzten Tagen oder schon nicht mehr da. Umso besser, dass es den Karlstorbahnhof noch gibt, auch wenn er 2021 vom Karlstor in die Südstadt auf die neu sanierten Konversionsflächen der Campbell Baracks umziehen wird. Neben einem Kreativwirtschaftszentrum wird der Karlstorbahnhof „ab in den Süden" wechseln und in den ehemaligen Stallungen unterkommen. Dann wird er in neuer Umgebung die alte Wirkung entfalten und die neue Nachbarschaft beleben können. Doch bis zum Umzug schließt der Karlstorbahnhof geografisch die Altstadt und den Schlossbergtunnel ab. Ein Eingang liegt direkt am Bahnsteig des S-Bahnhofs Karlstor, heute Bahnhof Altstadt. Innerlich und inhaltlich aber ist der Karlstorbahnhof eine Institution und ein Tempel der Diversität: Der Saal fungiert als Spielstätte für alle Gewerke der Kunst, von Musik bis Literatur und von Comedy bis Kino-Festivals. Besonders die Festivals bringen die pralle Comedy-Szene, die regionalen Kurzfilmer oder ausländische Cineasten auf die Bühne. Beim Reinkommen wirkt die Atmosphäre etwas kahl, doch das ändert

**TIPP** Nachtschwärmer-Adressen: Cave54, Villa Nachttanz, Halle 02, Breidenbach Studios, BillyBlues Zieglers.

sich schnell, wenn Sound und Licht direkt in die Seele fließen – dank niedriger Decken und professioneller Licht- und Tontechnik. Singer-Songwriter, Elektro-Pop-Rocker, Jazz-, Bewegungs- und Weltkünstler sowie solche, die es werden wollen, begeistern hier die Heidelberger.

Wer schon alles kennt, kommt inspiriert wieder raus. Für Studentenpartys, Theater-Vorstellungen (TiKK) und alternatives Kino (Karlstorkino) ist das Kulturhaus sowieso the place to be. Am schönsten ist es im klub_k, dem Kulturcafé-Klub mit exklusivem Nachtblick auf den Wehrsteg und Neckar. Hier leben alte und junge Tanzbeine bei Tango und Kumbia, Indie-Alternative-Pop, 60s & 70s, Techhouse Grooves, Funk, HipHop, Breakbeat, Electrohouse und Drum and Bass jedes Wochenende weiter. Und spring, schau und hör!

● Karlstorbahnhof, Am Karlstor 1, 69117 Heidelberg-Altstadt, Tel. (0 62 21) 97 89 11
www.karlstorbahnhof.de, www.karlstorkino.de
● ÖPNV: Bus 30, 33, 35 sowie S-Bahn, Haltestelle S-Bahnhof Altstadt

# Mediterran unter Kastanien

**66** *Bemuttert und beschützt im Grenzhof*

Etwa acht Kilometer außerhalb von Heidelberg zwischen den Feldern in Richtung Mannheim liegt der eingemeindete Weiler Grenzhof, natürlich denkmalgeschützt. Dort fühlt es sich auf den ersten Eindruck an, als hätte man sich im Landstrich verirrt und wäre im ländlichen Brandenburg oder Mecklenburg: Ein Ring aus acht alten Gutshöfen umrundet einen zentralen unbebauten Dorfplatz, auf dem gepflegtes Gras wächst und sich Kastanien und Linden im Wind wiegen. Es riecht nach Landwirtschaft, manches Scheunentor steht offen, lässt einen Traktor erspähen. Die Kulisse alter Herrenhäuser, viele aus dem 19. Jahrhundert, ist bestens erhalten. Fenster sind mit bunten Holzläden geschmückt, Blumen ranken vom Fenstersims.

Hier scheint die Zeit stehengeblieben zu sein. Man vermutet Uromas Häkelstube und Uropas Schachrunde hinter den Mauern – und findet im Biergarten und in der Gutsschenke Grenzhof ein Schmuckstück hinter dem weinbewachsenen Hotel-Schild über einem Tor. Es mutet gutbäuerlich an, doch es ist alles, außer gewöhnlich. Im Frühling, Sommer, Herbst und Winter lässt sich der Familienbetrieb Kaiser immer etwas einfallen und lädt Heidelberger, Mannheimer und andere Nachbarn zum Osterbasar, Muttertagsbrunch, Angrillen, zur Französischen Nacht und Latino Night, zum Elsässer Backofenfest, Martinsgans-Essen, der Eisstockbahn oder dem Weihnachtsmärchen.

**TIPP** Mal bei den benachbarten Grenzwerkern in den Werkstätten, Grenzhof 15, vorbeischauen. www.grenzwerker.de

Zentraler Gastgeber ist dafür immer der Biergarten, wobei der Begriff tiefgestapelt ist: Garten Eden würde besser zur Außenterrasse passen. Zwischen mittelalterlichen, begrünten Sandsteinmauern und altem Fachwerkgebälk, im Schatten von rotblühenden Kastanienbäumen, duftendem Oleander und weiß eingedeckten Tischen schmeckt die Zweisamkeit oder das Familienfest noch romantischer. Runde Cafétische, Stehtische auf Weinfässern, Holzstühle und Lounge-Möbel schimmern durch das Grün der Terrasse. Eine Rundbank ziert einen Kastanienbaum – da will man sein.

⊙ **Biergarten und Gutsschenke Grenzhof, Grenzhof 9, 69123 Heidelberg, Tel. (0 62 02) 94 30**
**www.grenzhof.de**
⊙ **Anfahrt mit den Auto**

# Wie Gott in Frankreich

**67** *Süß oder würzig – unter der Marke La Flamm*

Stellen Sie sich vor, Sie haben den Hauptgang schon gegessen. Denken Sie jetzt an Frankreich. Worauf haben Sie Lust: „sucré ou salé" (süß oder pikant)? Oder einfach beides? Kein Problem. Auf der Ladenburger Delikatessen-Straße in Neuenheim sind es vom Dessert bis zur Käseplatte in den beiden La-Flamm-Läden nur drei Schritte schräg über die Straße. Ohnehin scheint das Gourmet-Land in diesem Heidelberger Stadtteil zu Hause zu sein. Fangen wir mit der Reihenfolge französischer Gänge an. In der Patisserie La Flamm, wo man die alte knarzende Tür gerade so aufmachen kann, ohne betriebsame Kunden wegzuschubsen, wird man von vielen kleinen, bunten Stückchen Soulfood in der fast raumgroßen Kühltheke überwältigt. Allein die Palette zitronengelber, erdbeerroter, schneeweißer, koralle- und mauvefarbener Macarons und Petit Fours aus Vanille, Kastanien, Kokos, Mandeln: Dass so viel Geschmack auf zwei Zentimeter großen und hohen Gebäckstücken zusammenkommt – unglaublich, wunderbar. Hier ärgert man sich, dass man zwei Augen, aber nur einen Mund hat. Ein paar Barhocker am barocken Spiegel geben den Unentschlossenen Zeit für die richtige Wahl.

**TIPP** Die Patisserie hat auch einen Ableger in der Altstadt, Märzgasse 2, die Fromagerie einen Online-Shop.

Grandmère schickt ihre Grüße in diese Kulisse gefühlt von vor hundert Jahren. Aber auch ein standesgemäßes französisches Baguette oder deutsche Brötchen kaufen Nachbarn hier ein.

Wer genug Zuckerschock hat, kann ihn mit Käse und Champagner in der Fromagerie La Flamm gegenüber neutralisieren. Zwar hat Jean-Louis aus Bourg-en-Bresse den Verzehr vor Ort nicht vorgesehen, doch man will so lang wie möglich im Duft von Comté und Brie oder Paté und Foix verweilen. Glücklicherweise hat der Inhaber wie ein guter Franzose keine Eile und parliert gern mit seinen Kunden, solange sie in der Einkaufsschlange im marktähnlichen Ambiente neben Weinkisten, Körben und gut sortierten Regalen warten. Er weiß, was der frankophilen Neuenheimer Gesellschaft schmeckt.

🔴 Patisserie La Flamm und Fromagerie La Flamm, Ladenburgerstraße 15 und 6, 69120 Heidelberg-Neuenheim, Tel. (0 62 21) 47 08 25 und 47 17 46
https://la-flamm-boulangerie-patisserie.business.site/ (Patisserie),
www.laflamm-heidelberg.de (Fromagerie)
🔴 ÖPNV: Straßenbahn 5, 23 oder Bus 31, Haltestelle Brückenstraße

# Mal nichts tun

## 68 *Ruhe in der Kapelle der Stadtmission*

Immer ist etwas. Nichts gibt es nicht. Aber irgendwie versucht und schafft dieses Fleckchen, das Unmögliche möglich zu machen. Im Schatten der fünf Kirchen der Heidelberger Innenstadt hält sich die Evangelische Kapelle der Stadtmission bedeckt und versteckt. Parallel zur und gefühlt „hinter" der Hauptstraße verläuft die Plöck, an der sich bei Hausnummer 49 der Eingang des Kapellengärtchens der Stadtmission in die Häuserfront einreiht. Über dem Sturz des Eingangs an der Straße weist ein in Stuck gearbeiteter Engel und die Überschrift „Evangelische Kapelle" den Weg in dieses kleine, göttliche Gärtchen. Man kann hier einfach mal bedeutungslos sein. Ein Seniorenheim, eine Kita und die Stadtmission umranden den klar gearbeiteten Hof. Der Mittelpunkt ist eine schicke, weiß getünchte Kapelle. An ihrer linken Flanke sprudelt ein angelegter Brunnen und Gartenteich, grüne Pflanzen und bunte Blüten locken summende Bienen an, weiße Bänke rufen die ausgepowerten Stadtgänger zur Pause. Nach der Tour durch enge Gassen und viele Menschen, zu bedeutungsvollen Sehenswürdigkeiten und Schaufenstern kann der Besucher ein bisschen Nichts vertragen.

Hier findet die Enge, die man manchmal in Heidelbergs Altstadt verspürt, ein Gegengewicht. Dieser Innenhof versprüht Weite und Normalität. Die Kapelle und der Hof schaffen Klarheit und räumen die Seele auf. Hier ist nichts wichtig, nichts los, nichts lenkt ab. Man ist im Hier und Jetzt. Auch wer nicht gläubig ist, sollte sich in die Kapelle wagen und für eine Auszeit auf der Empore hinsetzen. Holz und Stein sind in der Kapelle verbaut. Der Altar besteht aus drei dicken Holzbalken. Ist das Kunst oder Kirche? Häufig wird hier beides miteinander verbunden. Weiße Wände, Türen und Decken vermitteln auch im Inneren Klarheit und Einfachheit rund um die bunt verglasten Kirchenfenster. Der Blick nach unten lässt den Besucher abschalten. Wieder angekommen, kann man im Vorraum oder auf den Stühlen und an Tischen draußen ein Käffchen trinken. Oder mit den Menschen plaudern, die hier wohnen, handwerkeln und ehrenamtlich arbeiten.

••••••••••••••••••••••••••••••••••••••••••••••••••••••••••••••••

Evangelische Kapelle der Stadtmission, Plöck 49, 69117 Heidelberg-Altstadt,
Tel. (0 62 21) 14 98 10, www.kapellengemeinde.de
ÖPNV: Straßenbahn 5, 23, 21, 22, 26, 9 und Bus 31, 33, 34, 39, 32, 35, 39, 29,
Haltestelle Bismarckplatz

# Erde und Himmel

 **Studentischer Seppl, festliche Kulturbrauerei**

Heute über WhatsApp, früher an die Wirtshauswand. Studentengenerationen vor uns konnten ihre Gedanken noch nicht auf digitalen Netzwerken teilen, also blieben nur Tische und Wände des Brauhauses, um die Gedanken einzuritzen und das persönliche Foto zu präsentieren. Im Wirtshaus zum Seppl ist daraus eine Art belebtes Trink-Museum geworden, unter Denkmalschutz – wirklich wahr!

Hier ist seit 1706 gefühlt nichts verändert worden. Das Wirtshaus hat verwinkelte Sitzecken, urige Tische und Sitzbänke, Holzvertäfelung und von der Decke hängen Namens- und Straßenschilder in einer Komposition, die amüsiert. Personal und Leckereien aber sind von heute: Das selbstgebraute Scheffel-Bier ist saisonal frisch, die beliebte Ochsenbacke kommt vom badischen Schlachter Buchter, und das Personal ist auskunftsfreudig. Vegetarier sollten sich den Anblick der Teller nicht antun. Frische Kurpfälzer Fleischlast. Mancher Norddeutsche ist verblüfft, dass es hier wenig Privatsphäre gibt. Man schwätzt drauflos und teilt sich den Tisch, auch wenn noch ein anderer frei wäre. Studenten sitzen neben Menschen, die gern nochmal Studenten wären, und Erste-Mal-in-Heidelberg-Touristen. Der Klavierspieler spielt erstaunliche Variationen von Rock bis Musical gegen Trinkgeld.

Wenn der Seppl die Erde wäre, wäre die Kulturbrauerei um die Ecke der Himmel. Beide gehören zusammen, sind verbunden mit einem unterirdischen Tunnel. Die Kulturbrauerei erinnert an einen Tanzsaal oder einen Sakralbau im Inneren. Politiker und Unternehmer feiern hier mit ihren Familien und führen Gäste aus. Die Wand ziert ein verträumtes Heidelberg-Gemälde, unter der Stuckdecke liegen mehrere Schichten Geschichte. Die Flaschen des selbstgebrauten Scheffel-Biers werden herrschaftlich mit einem Korken verschlossen und muten wie Wein an. Dazu passen Köstlichkeiten wie Krustenbraten, Spanferkel, Sauerbraten, Schäufele oder gebratene Ente. Im Sommer findet das schöne Leben draußen auf der 200-Mann-Außenterrasse statt, neben dem transparenten Brauhaus und der herausgeputzten Klinkerfassade.

---

⊙ **Wirtshaus zum Seppl, Hauptstraße 213, Tel. (06221) 502980; Kulturbrauerei, Leyergasse 6, Tel. (0 62 21) 50 29 80, 69117 Heidelberg-Altstadt, https://heidelberger-kulturbrauerei.de**
⊙ **ÖPNV: Bus 33 und 35, Haltestelle Neckarmünzplatz, S1, 2, 5, 51, Bahnhof Heidelberg Altstadt**

# Wie die Königin von Bahrain

**70** *Wellness über den Dächern im Europäischen Hof*

In der Residenzstadt Heidelberg sollte man sich einmal herrschaftlich wie eine Kurfürstin oder die Königin von Bahrein verwöhnen lassen. Warum nicht im besten Haus der Stadt? Da das Schloss dafür ausscheidet, kommt das Fünf-Sterne-Hotel Europäischer Hof ins Spiel. Die vierte Etage im Seitenflügel ist die beste Wahl für ein paar wohlige Stunden allein, zu zweit oder mit Freundinnen. Im Frühjahr 2018 sind Saunen und Umkleiden frisch renoviert worden. Vernimmt man am Eingang das rauschende Poolwasser und den Duft von Saunaaufguss und Massageöl, strömt schon das Wohlgefühl in den Kopf, bevor der Körper etwas spürt. In den Umkleiden lassen große Glasfronten auf dem Dach Tageslicht herein.

Der Standort und der Ausblick lässt einen schweben: Vom Fitnessstudio und der Umkleide aus hat man Schlossblick. Steht man oder fliegt man schon? Einfach einatmen, dieses Gefühl. Oder den Kopf abkühlen im Poolwasser. Das Schwimmbecken ist klein, aber fein mit seinen zehn mal fünf Metern. Der schönste Platz für Augen, Füße und Rücken ist ein kleines Viereck mit Dachfenster darüber: Hier sprudeln Massagedüsen gegen Verspannungen, der Blick nach draußen geht ins Grüne Richtung Gaisberg. Mehr Lichttherapie für Leib und Seele gibt es in der neuen Sanarium-Kabine, der etwas kühleren Bio-Sauna bei 60 Grad Celsius und höchstens 60 Prozent Luftfeuchtigkeit: Gelb-oranges Licht löst Verspannungen. Es geht in rotes, anregendes Licht über, dann folgt Grün als Beruhigung und Blau gegen Hautunreinheiten. Geübte Saunagänger bereiten sich in der finnischen Sauna nebenan bei 90 Grad den eigenen Aufguss. Das Holz duftet, das Holz beruhigt. Bademantel, Handtücher, Schlappen und Shampoo liegen bereit zum Badetag.

Man vergisst den Stadtbummel oder andere Alltagsstrapazen, muss an nichts denken, nur fühlen. Von April bis September geht das sogar draußen auf der Sonnenterrasse und 15 Liegen mit direktem Blick auf Schloss, Gaisberg und andere Spitzen Heidelbergs. Und Achtung: Der König von Bahrain könnte Ihnen hier oben wirklich als Hotelgast begegnen.

**TIPP** Ab 4 Personen sollte man reservieren. Massagen am besten eine Woche im Voraus buchen. www.europaeischerhof.com

---

◗ Panorama-Day-Spa im Hotel Europäischer Hof, Friedrich-Ebert-Anlage 1, 69117 Heidelberg-Altstadt, Tel. (0 62 21) 5 15-182
◗ ÖPNV: Straßenbahn 5, 21, 23, 26 und Bus 33, 34, Haltestelle Seegarten

# Geht steil!

**71** *1200 Stufen Himmelsleiter bis zum Königstuhl*

Man kann sich einen Stepper kaufen oder einen Fitnesskurs belegen. Aber das kostet etwas, findet in stickigen Sportstudios statt oder der innere Schweinehund sitzt vor dem Sportgerät zu Hause und fletscht die Zähne. Heidelberg hat dafür „für umme", wie man hier zu „kostenlos" sagt, etwas Besonderes zu bieten: Natürliches Bauch-Beine-Po-Training an der frischen Luft und luftiger werdender Höhe. Einzige Ausrede, um den Spurt in die Höhe abzusagen: zu große Füße. Ab Größe 47 passt der Schuh nur noch seitlich auf die uneben liegenden Stufen, die manchmal grün und glitschig bemoost sind. Treppenstart ist am Molkenkurweg, den man oberhalb des Schlossparks in einer Kurve erreicht. 680 Meter Länge, 270 Meter Höhe oder 1200 Stufen bis zum Gipfel und zur Bergbahn-Station Königstuhl. Das ist fast so viel wie sechsmal den Kirchturm der Heiliggeistkirche hochzusteigen. Bei der Zahl wird dem Ungeübten schwindlig. Hardcore-Aufsteiger aber kommen auf 1300 Stufen, wenn sie die Treppe ab dem Altstädter Kornmarkt über den Kurzen Buckel bis zum Schloss dazurechnen.

**TIPP** *Ein Besuch der Tinnunculus Falknerei nahe dem Gleitschirm-Startplatz und Aussichtspunkt Königstuhl oben lohnt sich.*

Die unregelmäßigen Sandsteinstufen der Himmelsleiter wurden 1844 in den Berg gehauen. Andere Wanderwege am Königstuhl gab es noch nicht. Man könnte meinen, jede Stufe hatte einen anderen Baumeister. Sportgeist und Ehrgeiz muss man mitbringen, öfters das Wie-lange-noch-Gefühl überwinden oder von Anfang an mitzählen. Funktionsbekleidete Sportler preschen vor. Schon nach hundert Stufen trügt den Ehrgeiz das Gefühl, die Treppe führe tatsächlich in den Himmel. Dabei kreuzt die Treppe sieben Mal geschmeidigere Wanderwege. Egal, dranbleiben. „Dieser Weg wird kein leichter sein", singt ein Sohn Mannheims herüber – und keiner für Schönwetter-Spaziergänger. Immer wieder Pausen und Manövrieren bei Gegenverkehr. Die Oberschenkel brennen, die Bronchien keuchen, der Schweiß tropft. Nach zirka 45 Minuten bekommt man die Belohnung: Himmlischer Ausblick auf das Rhein-Neckar-Tal aus 547 Metern Höhe.

▶ Himmelsleiter (Neckarsteig, steiler Treppenweg) zum Gipfel des Königstuhl, Molkenkurweg (Beginn), 69117 Heidelberg

▶ ÖPNV: Bus 30 oder Bergbahn, Haltestelle/Station Schloss oder Molkenkur (Start), Rückweg ab Haltestelle Königstuhl mit Bus 39 hinunter in die Altstadt

# Fast wie in Neuseeland!

##  72 *Kiwis beim Dorfbummel in Handschuhsheim*

Opa feiert heute seinen Achtzigsten, die Dorfjugend und die Altherren vom Rugby-Club feiern sich selbst. Es ist eng, laut, original. Einfach rein ins Gewimmel, dazusetzen. Denn wir sind in „Hendesse" (Handschuhsheim) im Tradtionslokal Alt-Hendesse, wo es sich am schönsten „lewwe, esse un trinke" lässt. Außen hat das gutbürgerliche Speiselokal einen himbeerroten Anstrich, im Innenhof übernehmen Weinreben und Kletterpflanzen die Farbgebung. Die Stimmung ist hell und freundlich, die Kellner bewaffnet mit Block und Stift, der Innenraum urig-dunkel, der alte Kachelofen neben der Theke grün.

Nach Bratkartoffeln oder Schweinelendchen zieht es den Besucher raus zu einem Dorfrundgang im ältesten Heidelberger Stadtteil. Die Handschuhsheimer Landstraße, die eher eine Dorfstraße ist, überrascht und macht entdeckungsfreudig. Die Fensterumrandungen und Fensterläden sind bunt gestrichen, die Höfe weinüberwuchert. Hier wachsen Kiwis im Blätterdach im Hof der Hausnummer 85. Haus Nummer 99 verewigt seine Treue zum Stadtteil: Das Handschuh-Symbol ist neben der Hausnummer eingraviert. An der Ecke zur Pfarrgasse ist der Vorgarten

**TIPP** In der Pizzeria Römer Pils, Handschuhsheimer Landstraße 82, schmeckt's hervorragend.

besonders üppig, die Steinmauer besonders rot-schimmernd. Empfehlenswert ist geradeaus die Pizzeria Römer Pils mit unscheinbarer Fassade und Einrichtung, aber mit Familienanschluss und hausgemachten originalen Speisen „al nonno". Zurück geht der Weg über die Obere Kirchgasse vorbei am Handschuhsheimer Wahrzeichen, der Linde an der Lindengasse.

Zur Kerwe (Kirchweih) im Juni tanzen Hendsemer Traditionspaare in Tracht den Hammeltanz drum herum. Wer am schnellsten den Drehwurm hat, bekommt einen lebendigen Hammel mit nach Hause. Bei all der Aufregung kommt der pflanzenreiche Grahampark geradeaus wie gerufen für ein Päuschen. Ohne Pause und Essensstopp läuft man die Runde in einer Viertelstunde und gelangt vorbei an der Feuerwehrhalle und am Bürgeramt Handschuhsheim, wo Füllfederhaltermuseum und allerlei Vereine ihren Sitz haben, und der Tiefburg zurück zum Ausgangspunkt.

---

⊙ Restaurant Alt-Hendesse, Mühltalstraße 4, 69121 Heidelberg-Handschuhsheim,
Tel. (0 62 21) 48 05 17, www.tiefburg.de
⊙ ÖPNV: Bus 38, Haltestelle Tiefburg

# Ist das Kunst

**73** *… oder kann es mit: Galerie Blao*

Schon die großen Kachelfenster versprechen Überraschendes. Herzlich begrüßt die helle, weiß gestrichene Galerie den neugierigen Besucher an der Unteren Straße. Die beiden Schwestern Myriam und Tschekideh Schahabian, ursprünglich aus dem Iran, sind selbst Künstlerinnen: Eine ist Kunsthistorikerin mit Faible für feine Papierschnitte, die andere Fotografin und Filmemacherin. Man hat das Gefühl, hier kann man die Welt umarmen und den Reichtum aller Kulturen auf einem Fleck entdecken.

Die Geste des Schwesternpaares: Sie bereiten Kunsthandwerkern eine Bühne für handbemalte, handgewebte, handverlesene Produkte. Vor jedem Regal tut sich eine neue Kultur auf. In der schönen antiken, weißen Vitrine am Eingang sorgen handbemalte Vasen aus dem iranischen Isfahan für Aufsehen. Der Student, der jetzt in Heidelberg lebt, fertigt und bemalt sie mit traditionellem persischem Muster und Farben. Am besten ist, die Kostbarkeiten stammen aus der Natur, aus natürlichen Verfahren oder recycelten Materialien: Ein Schal aus Yakwolle, eine Hose aus Milchfaser, eine Tasche aus Pflanzenfaser, ein Kleid aus Seide, ein Etui aus einem alten Fahrradschlauch. Es ist erstaunlich, welches Kunsthandwerk in Nepal, Indien, Griechenland oder auch vor Ort entsteht. Man will es anfassen, darüberstreichen, fühlen. Alles, was man zum Schönmachen und Schönsein für sich und das Zuhause brauchen kann, gibt es in diesem Laden.

Wie ein Basar stellt die Galerie die schönsten Stücke und Ideen des Kunsthandwerks aus und lädt den Besucher ein, sich inspirieren zu lassen oder ein Stück Kunst mitzunehmen. Aber welches? Die größte verführerische Auswahl gibt es an Keramik und Schmuck. Ein blumiger Ring, ein selten schimmernder Stein als Kettenanhänger oder aber ein Comic-Becher als Eigenkreation oder eine schöne Espresso-Tasse im Blumenstil für die Festtafel. Das schnellste Mitbringsel ist eine der Postkarten. Die Scherenschnitt-Silhouette von Heidelberg zum Verschicken an Freunde, die auch ein Stück vom Wohlgefühl abbekommen sollen.

● **Blao – Galerie für Kunsthandwerk, Untere Straße 4, 69117 Heidelberg, Tel. (0 62 21) 7 29 01 11**
**www.blao-heidelberg.de**
● **ÖPNV: Bus 35, Haltestelle Alte Brücke**

# Rot wie grün

 **74** *Gruß vom Land im vegetarischen Restaurant Red*

Badewannen voller Rohkost und Smoothies? Gibt's neben dem Alten Hallenbad! Das Red ist das Stammlokal der Grünen und ewig Frischen. Denn das Leben ist zu kurz, um schlecht zu essen und zu trinken. Ja, hier sind Pfälzer am Werk mit einem schönen Gruß vom Land: Die Inhaberfamilie Sickler holt frisches Gemüse, Obst und Kräuter von den Feldern, Höhen und Weinbergen der Pfalz ins urbane Heidelberg. Eine Handvoll Köche verarbeitet das, was Oma und Opa früher jeden Tag eintönig und geschmacksneutral essen mussten, in kreative Kompositionen. Verfeinert mit internationalen Ideen und Gewürzen verwöhnt das Red den Geschmack der Gäste mit indischem Kartoffelcurry, Grünkern-Risotto, Steckrübensuppe mit Birne und Ingwer und täglich wechselnden Pfannengerichten. Pasta- und Wok-Theke präsentieren weitere Variationen. In der Mitte des großen Speisesaals steht der gedeckte Tisch, ein zweistöckiges Büffet aus kalten und warmen Salaten, zur Selbstbedienung bereit, mit Quinoa, Möhre-Fenchel oder Couscous –abgerechnet wird pro hundert Gramm.

**TIPP** *Das Restaurant stillt auch den späten Hunger, montags bis samstags bis 22 Uhr. Zum Mitnehmen in der Bambus-Schale.*

Man hat das Gefühl, Familie Sickler habe die Zutaten gerade erst geerntet. Denn Herr Sickler baut als Hobby in seinem Garten über hundert Tomatensorten selbst an. Die Farben inspirierten ihn zum Namen Red. Hier werden Pflanzen gebührend behandelt: Monatsaktionen widmen sich im Mai jungen Wildpflanzen, im Juli der Quitte, im September den Kräutern, im Oktober dem Kürbis. Der rotgezipfelte Gartenzwerg schaut den Gästen von der Wand aus zu. Das Spießbürger-Symbol wird in die coole Veggie-Bewegung überführt. Veganer und Stricklieseln treffen sich hier zum Stammtisch. Auf Idee und Inhalt kommt es an: Darauf sollte man trinken, entweder eine Riesling- oder Heidelbeer-Sanddorn-Hagebutte-Schorle, frisch gepressten Karottensaft oder die Haus-Limo. Als Nachtisch gibt es Kaffee von lokalen Röstern oder Kuchen. Hier kann Mutti nicht meckern. Bei dem Aufgebot bleibt man fit und wird gesund – und tut was für die Umwelt.

Red Restaurant, Poststraße 42, 69115 Heidelberg-Bergheim, Tel. (0 62 21) 9 14 52 06
www.red-diegrüneküche.de
ÖPNV: Bus 32, 35 und Straßenbahn 22, Haltestelle Altes Hallenbad oder Straßenbahn 5, 23, 21, 34, 33, 26, Haltestelle Stadtbücherei

# Genießen mit der Königin

## 75 *Weiße Flotte nach Neckarsteinach*

Es war einmal ein gefährlicher Fluss, schildert Mark Twain im Bericht über seine Floßfahrt 1879 auf dem Neckar. Wirklich? Überprüfen Sie selbst. Am liebsten bei Königinnenwetter mit „Königin Silvia" und unter der Woche (weniger los). Die schwedische Flagge am Bug des neuesten, schicken Ausflugsschiffs ist gehisst. Die Schweden-Königin ist die Lieblingstochter der Stadt und war 2017 selbst an Bord „ihres" Schiffes flussaufwärts ins Neckartal.

Bei der Abfahrt an den Neckarstaden ist die Kulisse sehr urban. Sonnenbrille auf. Chinesische Touristen winken von der Alten Brücke. Rechts das Schloss, ah! Es ist ruhig und gemütlich, das Tempo so flott wie ein geübter Radfahrer. Vorbeiziehendes wird auf Deutsch und Englisch erklärt. Kaffee, Bier und Aperol Spritz werden ausgeschenkt, Eis und Kuchen gebracht. Ein bisschen Rentnerfahrt: Nichts tun und dennoch bewegen. Das tut so gut. Doch die erste Schleuse am Wehrsteg (Karlstorbahnhof) weckt den Fahrgast aus dem Tagtraum. Wer Action mag, kann dem Matrosen zuschauen: Er wirbelt das Schiffstau um die Pfosten an der Schleusenwand, nur wenige Zentimeter zum Schiff. Es steigt 2,60 Meter höher. Links am Wehrsteg ist der Neckar noch so wild, wie Mark Twain es beschreibt. Oben folgt dichterer Wald, erste Kurve, Felsen.

**TIPP** Sportler wandern über den Dilsberg, Radler fahren links oder rechts des Neckars nach Heidelberg zurück.

Das Neckartal ist grün und eng, man fühlt sich freier und freier. Voraus schlängelt sich der Neckar zwischen Hügeln, Felsen und Burgen. Saftige Wiesen mit Campinggästen. Kanuten paddeln. Schwäne ziehen. An der zweiten Schleuse sprudelt das Wasser durch das Tor, hebt das Schiff drei Meter höher. Wir erreichen Neckargemünd mit alter Stadtmauer. Eine Stunde ist unbemerkt vorüber. Oben auf 300 Metern Hügel erscheinen die Festung und das Dorf Dilsberg wie eine Krone. Nach der nächsten Kurve verzaubern den Gast vier weitere Burgen in Neckarsteinach. (Hin)Fahrt vorbei. Melancholiker stellen sich ans Heck und können darüber weinen, dass die Landschaft so schön und die Reise bald zu Ende ist.

---

○ Weiße Flotte, Neckarstaden 25, 69117 Heidelberg-Altstadt, Tel. (0 62 21) 2 01 81
www.weisse-flotte-heidelberg.de, www.kanuverleih-neckargemünd.de, www.burgfeste-dilsberg.de

# Winkekatze neu interpretiert

## 76 Mitbewohner? Room Mate – Beautiful things

Sag mir, mit wem du wohnst, und ich sage dir, wer du bist. Die Auswahl neuer Mitbewohner erfordert den sorgsamen Blick. Würde mit dem 60er-Jahre-Sessel in Palmenoptik zu viel Lethargie einziehen? Wäre die klar strukturierte Schreibtischkonsole aus Holz zu ehrgeizig für die Wohngemeinschaft? Die Auswahl braucht Zeit und Struktur. Beides bekommen Freundinnen und Freunde des guten Stils bei Room Mate von Kommunikationsdesignerin Julia geschenkt. Das Lädchen auf der Plöck, der Fahrrad- und Studentenstraße in Heidelberg, ist ein Goldstück für Einrichtungsfans und in guter Nachbarschaft zu neuen und alten, aber immer individuellen Shops.

Bei Room Mate schimmert es schon im Schaufenster golden, kupfer- und messingfarben. Julia liebt warme, gelbliche Töne, die sich gut mit klaren Strukturen und starken Symbolen verstehen. Jede Postkarte ist ein Statement in Design-Sprache. Jedes Kissen ist relativ erschwinglich. Für jedes Kästchen sucht Julia den passenden Platz vorn an der Theke oder im hinteren Wohnzimmer-Teil des Lädchens. Täschchen und Etuis aus schnell nachwachsender toskanischer Zellulose, rosévergoldeter Schmuck aus Kapstadt oder Worklamps aus Kopenhagen: Room Mate bringt die Interieur-Trends aus den Metropolen ins beschauliche Heidelberg.

Klassiker der Einrichtungsgeschichte aus den 50ern und 60ern findet man neu interpretiert: Hier ist die bunte Thai-Winkekatze zur pinken oder olivgrünen Lucky Cat mutiert – und passt durchaus als neuer Mitbewohner ins Wohnkonzept heutiger Designfans. Sehnsuchtsmotive wie Palmen und Kakteen sind hier auf Tapete oder Kissen gedruckt oder in Vasenform gegossen – bereit, in neue Wohnungen und Häuser mitzugehen. Frau kann sich hier den perfekten Begleiter in Schmuckform zusammenstellen: Armbändchen in der Lieblingsfarbe, Ringe und Ohrstecker in verschiedener Vergoldung, Edelstahl- oder Messingkette mit dem Lieblingssymbol vom Croissant bis zur Schwalbe. Mann kann sich in der Männerecke mit einer neuen Lampe cooler einrichten oder einen schön designten Reiseführer mitbringen lassen. Fazit: Mitbewohner gefunden!

● Room Mate – Beautiful things, Plöck 20, 69117 Heidelberg, Tel. (0 62 21) 7 19 77 54
www.room-mate.biz
▶ ÖPNV: Straßenbahn 5, 23, 21, 22, 26, 9 und Bus 31, 33, 34, 39, 32, 35, 39, 29, Haltestelle Bismarckplatz

# Zum kleinen Bruder radeln

 **77** *Neckartalradweg und Neckarfähre nach Ladenburg*

Ladenburg könnte der Bruder von Heidelberg sein: kleiner, aber älter und genauso romantisch. Das 12.000-Einwohner-Städtchen erscheint wie ein Museum an der frischen Luft. Der markante Wasserturm und weitläufiges Grün begrüßen Neu-Ankömmlinge an den Stadtflanken. Wo früher die Römer ihr Lager aufschlugen, tun es heute Bus- und Schiffsladungen von Tagesgästen. Der Tipp: Von Heidelberg gemütlich mit dem Fahrrad herkommen. Über 24 Kilometer Glücksgefühle auf dem nördlichen Neckartalradweg hin und dem südlichen zurück.

Man startet unter der Ernst-Walz-Brücke in Neuenheim. Direkt an den Wiesen und auf dem Deich am Neckar-Kanal fährt man an der Wehrsteg-Brücke vorbei, entlang des schmalen Grünstreifens zwischen dem holprigen Leinpfad und Fluss, mal steil, mal flach. Rechts schimmern Flamingos durch den Zoo-Zaun, strenger Waschbären-Geruch liegt in der Luft. Bäume und Kleingärten säumen den Kanalpfad am Handschuhsheimer Feld, bevor man die A5-Brücke unterquert und die Schwabenheimer Schleuse erreicht. Weite, Felder, Pferde, Landluft, aber ein asphaltierter Weg. Einen Zwischenstopp kann man am Restaurant „Zum Anker" (Dossenheim) einlegen und unten am Neckar zu einer kleinen „Insel" balancieren. Endlich Abenteuer! Danach geht es rasend schnurgerade bis Ladenburg. Man düst an wilden Neckarauen, dem Naturschutzgebiet, vorbei. Zack: Ladenburg, alles flach und grün.

**TIPP** Einen Kaffee im Café Antique im Auktionshaus oder Café Huben in der Gärtnerei genießen.

Glücksbringend und gemütlich liegen die Neckarwiesen wie ein Handtuch bereit. Der „Grüne Ring" von Benzpark, Neckarwiesen, Lustgarten, Bachlauf und Reinhold-Schulz-Waldpark umschließt die Stadt. Schönstes Postkartenmotiv in der Altstadt ist der Jesuitenhof. Die romantischsten fünf Minuten und hundert Meter Fluss unter sich aber hat man für 60 Cent auf der Neckarfähre mit gesprächigem Bootsmann, zwei Autos, Fußgängern und anderen Radlern. Am Ufer gegenüber warten Blumen, das Schloss Neckarhausen und oben am Radweg auf der Bank am Restaurant „Quinta da Luz" das schönste Panorama auf die kleine Fähre.

Fahrradverleih VRNnextbike, www.vrnnextbike.de
Fähre Neckarhausen, L597, 68535 Edingen-Neckarhausen, Tel. (0 62 03) 92 49 20
ÖPNV: Regionalbahn Heidelberg-Ladenburg; Bus 42, Schloss Neckarhausen (über Edingen)
Straßenbahn 5 von/nach Heidelberg

# Leckerer Familienbetrieb

 **78** *Unter Freunden, Nachbarn und Suppenfans*

Pizzaliebhaber kommen zu „Unter Freunden". Wer keine Pizza mag, isst halt Suppe nebenan. Wer keine Suppe mag, isst Kuchen wiederum daneben. Das ist möglich in der Märzgasse in der Altstadt beim dreifachen Lecker-frisch-bio-Ensemble, einem Familienbetrieb. New-York-Style in Heidelberg. Back to the roots liegen Äpfel, Birnen und Orangen im Rohzustand im Korb zur frischen Verarbeitung. Der Mixer schnurrt erst auf Bestellung, die wartende Menge ist geduldig. Von außen eine weiße Wand mit großen Fenstern, innen Böcke, Schemel und Schultische zusammengewürfelt und doch komponiert. Wie viele Menschen hier doch reinpassen!

Freunde sind hier „Unter Freunden", so heißt die Selbstbedienungsstube mit über 18 Pizzen „al taglio", die mozzarellaweiß, salamirot und kartoffelgelb leuchten, mit Speck, Salami oder vegan. In Handarbeit wird jedes Stück zurechtgeschnitten und abgewogen (pro hundert Gramm zu studentischen Preisen). Studenten, Mittagspausler und Touristen, die rasch auftanken müssen, kommen rein. Der Stil ist modern, etwas kahl,

**TIPP** Highlight ist die „Share Suppe": einen Gutschein kaufen für jemanden, der sich gerade keine Suppe leisten kann.

Relief-Kunstwerke an der Wand, umrahmt mit Gold. In der Ecke steht Omas Lümmelsofa, Kinder und die ganze Welt sind willkommen.

Der Laden ist ein universeller Pop-up-Store und trotz Selbstbedienung ausgesprochen serviceorientiert. Simplicity ist die Regel, Englisch wird oft gesprochen. Vielleicht daher die Gelassenheit? Konzentration auf das Wesentliche: Fröhliche Gemeinschaft, mit der man Mittagspause macht. Zum Hier-Essen bekommt man ein Holzbrett und mundgerechte Stücke. Es gibt Säfte und Smoothies – mit abgefahrenen Mischungen aus Chia-Samen, Banane, Kokos, Avocado, Agavensaft und Spinat unter dem Namen „Body Hell" bis „Tinder Matcha". Nebenan im Café Nachbarschaft und im Franz Soupmarine verabreden sich Zucker- und Vegan-Suppenfans auf Frühstück, Kuchen, Suppe und einen Mokka.

**Franz Soupmarine, Unter Freunden und Nachbarschaft, Märzgasse 2 und 4, 69117 Heidelberg-Altstadt, Telefon (0 62 21) 7 25 81 05 (Unter Freunden) und 3 54 44 14**
**ÖPNV: Bus 31, 32, 33, Haltestelle Friedrich-Ebert-Platz**

# Summen, sonnen, sinnieren

**79** *Bewegung für Körper und Geist am Philosophenweg*

Wer Philosoph werden will, muss die Schlangen besiegen. Zumindest wenn er vom Neckar kommt. Der Weg der Philosophen liegt hundert Meter über dem Neckartal. Dort, wo die Alte Brücke auf die Neuenheimer Landstraße trifft, startet der sportliche Spaziergänger den Aufstieg über den Schlangenweg. Beschützt von mannshohen Mauern und erfrischendem Efeu- und Mooswucher darüber schlängelt sich der holprige Weg Stufe für Stufe höher in die Natur. Links Weinreben, rechts Apfelbäume, links Kiefern, rechts Agaven. Bunt gestrichene Holztüren zu Grundstücken mit steilen Gärten unterbrechen die Natur. Landluft kriecht in die Nase. Alle zehn der 300 Höhenmeter wird der aufsteigende Besucher mit einem Aussichtsplateau belohnt. Südamerikanische Familien und asiatische Studentenpärchen suchen hier das beste Fotomotiv oder ein Knutschversteck. Mit jedem Meter erkämpft man sich einen klareren Klang der Kirchenglocken der Altstadt und ein noch schöneres Plätzchen oberhalb der Brücke und gegenüber dem thronenden Schloss auf der anderen, bergigen Uferseite. Im Winter laden drei Bänke ein zum Innehalten auf dem langgezogenen Stück Schlangenweg kurz vor den Treppenstufen, die auf den Philosophenweg münden. Im Sommer muss man für einen ruhigen Alleingang weiterziehen. Ebenerdig und asphaltiert führt der Philosophenweg 900 Meter in Richtung Westen mit der Sonne bis zum Philosophengärtchen. Tolle Aussicht ins Tal, aber man ist nicht allein. Erst ab dem Rast- und Spielplatz gegenüber dem Liselotte-Platz und an den mediterranen Philosophengärten wird der Philosophenweg wieder zum sommerlichen Glücksort. Bienen summen, Eidechsen sonnen sich, Studenten philosophieren, Pärchen verlieben sich, Jogger laufen, Kranke sehnen beim Blick zum fließenden Neckar die Heilung herbei. Wer es verwunschen mag, sollte sich waldwärts bewegen auf eine der Bänke der hochgebockten Inselterrasse am Ende der Waldwege unterhalb des Bismarckturms, bevor hinter dem Zaun nebenan wieder die Zivilisation einsetzt.

**TIPP** Wer noch Kraft hat, kann den Heiligenberg hinauf oder weiter ins Siebenmühlental wandern.

> **Philosophenweg über Schlangenweg, Zugang am Nordende der Alten Brücke,**
> **Neuenheimer Landstraße 2, 69120 Heidelberg-Neuenheim**
> **ÖPNV: Bus 34, Haltestelle Alte Brücke Nord**

# Malen für die Seele

### 80 *Eigen-Kreation im Keramikofen*

Keramikofen? Klingt nach Fachhandel für Kaminöfen in Heidelberg? Aber nein. Hier warten Muffins, Frösche, Butterdosen und Töpfertassen darauf, bemalt und zum Leben erweckt zu werden. Und die herzlichste Amerikanerin in Heidelberg darauf, die Geschichten ihrer Stamm- und neuen Kunden zu hören, Menschen zu verbinden. „Hier gibt es Community Feel", sagt Keramikofen-Besitzerin, Kunstexpertin und Drehbuchautorin Jennifer Bieser, kurz Jen. Sie erzählt von jüngeren und älteren Leuten, die in ihrem schnuckeligen, verspielten Atelier in der Unteren Straße stundenlang sitzen (dürfen) und Keramik bemalen. Man bezahlt pro bemaltes Teil. Manche kommen sogar dreimal in der Woche – wie zu einer Therapie. Geplant oder zufällig finden hier Nachbarschaftstreffen, Kindergeburtstage und Junggesellinnenabschiede statt. Typisch Jen – die Tür zum Keramikofen ist immer offen.

Im Sommer strömt eine Brise Frischluft herein. Jeder Gegenstand hat Seele: der Kronleuchter im Blümchen-Dekor, die riesige, farbenfroh getupfte „Therapiedose", ein alter Küchenschrank im französischen Landhausstil, das selbstgemalte Bild einer Dame als Laden-Patronin. Die ausgewählten Rohlinge stammen meist von Familienbetrieben in Italien und tragen den Geist ihrer Macher in sich oder deren Fingerabdruck an sich. Auf den 22 engen Plätzen kommen die Besucher schnell ins Gespräch. Die großen, bunt dekorierten Fenster holen die Leute von der Unteren Straße herein, zum Runterkommen und Sich-Trauen.

Der Keramikofen reiht sich bestens in die „Landschaft" der „Unteren" ein, die tagsüber Kunst- und abends, ganz verwandelt, Partymeile ist. Einmal im Monat können Kreative im Keramikofen bis Mitternacht werkeln, dabei vom Fensterplatz den Partymäusen draußen zuschauen oder mit Jen und den anderen Künstlern einen Wein dazu trinken. Für die, die sich unkreativ fühlen, liegen Stempel, Siebdrucke, Seidendrucke und Schablonen bereit. Damit bekommen auch sie Vöglein, Hipster-Hirsche, Blümchen oder Schriftzüge lässig auf die Keramik. Have fun!

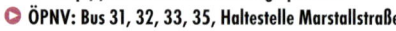

● Keramikofen, Untere Straße 12, 69117 Heidelberg-Altstadt, Tel. (0 62 21) 8 73 02 05
http://keramikofen-heidelberg.vpweb.de
● ÖPNV: Bus 31, 32, 33, 35, Haltestelle Marstallstraße

**Bibliografische Informationen der Deutschen Nationalbibliothek**
Die Deutsche Nationalbibliothek verzeichnet diese Publikation in der Deutschen Nationalbibliografie;
detaillierte bibliografische Daten sind im Internet über http://dnb.d-nb.de abrufbar.

© 2018 Droste Verlag GmbH, Düsseldorf
**2. Auflage 2019**
**Konzeption/Satz:** Droste Verlag, Düsseldorf
**Einbandgestaltung und Illustrationen:** Britta Rungwerth, Düsseldorf unter Verwendung von Bildern von
© Fotolia.com: jd – photodesign.de; © iStock: Plociennik Robert
**Fotos: Katja Edelmann, außer:**
S. 37: Stadtwerke Heidelberg; S. 57: Steffen Schmid/Heidelberg Marketing; S. 65: Christoph Thoma; S. 89 City&Quest/
Nadja Pentzlin; S. 101: Alge/Eva Helms; S. 113: Märchenparadies Heidelberg; S. 117: Studierendenwerk Heidelberg;
S. 127: Casa del Caffé; S. 137: Karlstorbahnhof; S. 147: Europäischer Hof Heidelberg; S. 157: Weiße Flotte Heidelberg
**Druck und Bindung:** Gutenberg Beuys Feindruckerei GmbH, Langenhagen
ISBN 978-3-7700-2065-2

www.drosteverlag.de